這些人，這些事

用生命疼惜台灣的
愛的守護者

盧俊義——著

Content

專文推薦

勇敢和美麗的生命

陳南州

人是社會性的存在。人生活在一個錯綜複雜的關係網絡裡，其中有一種關係可以稱之為「共同命運」的網絡或結構。簡單地說，它就是指人類彼此之間具有一種「相互連累受罪」和「彼此托福」的關聯性。

人類「相互連累受罪」的共命結構，我們可以從每天各種媒體的社會新聞看出事實。幾乎每一個酒駕肇事的案例，都有無緣無故受連累、受罪的人。酒駕車禍中，被撞傷或死亡的人的家屬也受到連累，承受肇事者之罪的後果。而「彼此托福」的關係網絡，也是我們的「日常」。朋友見面寒暄時，有人會在回話時說：「托你的福，一切安好。」這雖是一種謙和的語詞，背後卻常有其事實。

我們人生旅途之所以順利、平安，或蒙福，常常是因為別人善行的後果。我們托別人的福而活，小事如我們雙手拿一大堆東西時，別人幫我們按電梯門的開關；大事如住宅發生大火，消防員冒著生命危險出入火場滅火救人，使很多人得以消災解厄。今年二月花蓮大地震，有房屋倒塌，也有人死傷。受災戶也因為台灣國內外人士的善行義舉，得以度過難關。因此，「托福」不只是客氣的謙詞，也是人生的事實。基督教會的新約聖經有相似的觀點，使徒保羅在寫給哥林多教會的書信中這樣說：「一個肢體受苦，所有的肢體就一同受苦；一個肢體得榮耀，所有的肢體就一同快樂。」★

因為人類社會有相互連累受罪、彼此托福的共命關係網絡，一個社會中作惡的人多，受連累承受惡果之苦的人就較多；反之，一個社會中行善的人多，托福承受善果的人就較多。就此而言，古人說「勿以惡小而為之，勿以善小而不為」是很有道理的。盧俊義牧師的這本書記述了用生命疼惜台灣的二十五個故事，而這些生命故事的主角，依我看，就是因他們的信仰而行善，勇敢地活出美麗的人生，讓台灣人（特別是社會的邊緣人）得以托他們的福，使日子好過些。

我說本書故事中的主角勇敢地活出美麗的人生，因為他們大多是基督信徒，他們勇敢、堅定地活出他們對所信仰之上帝（天主）的敬虔。他們以正直、友愛對待台灣人民，即使是陷於貧困、身心疾病中，或是社會上弱勢的邊緣人，故事中的主角也都如此對待。本書故事中的主角，若非有自制、克己的生活態度，不太可能如此長期投入一項難以獲得物質上之回報的服事。

敬虔、正直、自制的生活是本書故事中主角的生命特色。十六世紀基督宗教改革家，也是長老教會信仰傳承的開創者約翰．加爾文（John Calvin）在其影響後代基督教會神學思想深遠的著作《基督教要義》，論基督徒生活的篇章中，引述新約聖經〈提多書〉的觀點，說，基督徒的生活是對上帝敬虔，對人正直，對自己節制、自守。這本書所記述的人物，雖不是全都信仰耶穌基督，但是他們所做的事，都符合聖經中所傳述的愛。他們的生命呈現聖經所教導的基督徒的樣式。

除了敬虔、正直、自制的德行，基督宗教還強調信、愛、望三項信仰美德。這三項信仰美德，重申對上帝的信、對人的愛，以及對上帝美善之主權的實現的盼望，它們同時也是期待美善之社會的生活特質。美國神學家尼布爾（Reinhold Niebuhr）曾這樣解說：「在人世間，真和美的事業不可能在歷史的某一小段內充分表現出來，因此，我們需要『信』。人世間任何善事都不可能由個人的力量單獨完成，因此，我們需要『愛』。人世間偉大的工作不可能在人的一生中成就，因此，我們需要『望』。」

★哥林多前書12章26節。

書中人物的作為，正是這三項美德極致的表現。

本書故事中的主角很多是外國的宣教師，他們到台灣是離鄉背井，還要遠渡重洋，他們的工作很多都是在偏鄉或離島地區，工作性質也大多是艱苦不易、沒什麼回報的工作。他們的生活簡單，只為服膺他們從上帝所領受的召命，為需要的鄰人而活。這樣的使命，若沒有堅忍的毅力、勇氣，怎能達成呢？他們把他們的青春、生命都給了台灣這塊土地和台灣人民，這樣的人生怎能說不是美麗的人生呢？

這些「用生命疼惜台灣的人」當中，有些人是盧牧師熟稔的，有些事蹟盧牧師本人也參與其中。書中的一些生命故事，也有盧牧師的蹤影。我很慶幸有盧牧師這位友人，很高興他寫這麼一本有意義的書。

但願這本書激發更多人活出勇敢和美麗的生命，使我們台灣社會，相互連累受罪承擔苦果的事少，彼此托福享受善果的事多。

（本文作者為前玉山神學院副院長）

專文推薦
台灣的創世記故事

南方朔

自從西蒙妮．韋依（Simone Weil）在一九四三年為了超越近代的無神論，促使她的神學思想在理論上開始發揚光大外，她的絕對主義成就了人間最高的善意，因為她的重負與神恩，她的思想被稱為「當代的帕斯卡爾」，信仰並不是拿來炫耀之物，而是艱難的重負。

韋依的思想與實踐，已成了一九四〇年代的奇跡。她的宗教哲學，在宗教學家梯蓬（G. Thibon）、哲學家阿蘭（Alain）、宗教哲學家列維納斯（E. Levinas）等人的近代哲學裡已被高度發揮，成了近代哲學、神學、救贖神學的根本。

韋依乃是法國哲學的樣本，法國哲學在倫理這塊土地上，則是我們的瑰寶。台灣這塊土地上，也同樣有許多神學的寶藏。台灣有許多宣教士，也有極多的宗教傳道人，他們在許多地方都留下了極多的痕跡。我一向認為，台灣本身就是個處女地，他們在台灣各地進行宗教傳染，在各地進行義診，這都是歷史的義行。

本書作者盧俊義牧師，發表了許多替這種人立傳的故事，這是台灣的「創世記的故事」。他們的義行，已經可以成為著名範本，對於他們的這些故事，應該要在台灣各地傳遞下去，對宗教上的這些痕跡，也必須特別加以研究。

西蒙妮・韋依的法理哲學、宗教信仰，使得法國在倫理學上具有極高建樹，法國人將各種生命的告白分門別類，有的歷史，由於它已和時代相互結合，而成了時代的遺跡、時代的傳承。對於這種遺跡與傳承，人們必須將之留存，加以發揚光大。

台灣有許多歷史的痕跡，可以成為教材。在台灣這塊土地上，就有許多可以作為共同教訓的歷史遺跡。這也是與台灣神學共存的瑰寶。台灣這塊土地上發生的這一切，就是台灣最好的神學史，必須將之視為永存的歷史痕跡，也是過往台灣的重現。

西蒙妮・韋依乃是法國實至名歸的二十世紀偉人，而這本二十世紀的台灣偉人，使得我對二十世紀又多了另一種認識！

（本文作者為知名作家、評論家）

作者序
值得我們代代相傳的「這些人，這些事」

還記得很清楚大約是在兩年多前，啟示出版社總編輯彭之琬女士和資深編輯李詠璇小姐就跟我談過，希望我能寫些關於外籍宣教師在台灣奉獻他們生命之愛的故事，當時我確實是答應了，但一直都沒有下筆。

不久之後，又遇到民視電視台董事長郭倍宏先生約我談，希望我能在民視電視台開一個宗教心靈的節目，他知道我在雙連教會開好幾個查經班，人數有三百多人。他說若是能在電視台開這樣的讀聖經節目，看的人會更多，對台灣社會的心靈應該會有更大幫助。

我當時並沒有答應，因為我震驚到說不出話來，我心裡這樣想：一個民營電視台會想要開「查考聖經」這種節目，真的很難想像，這跟我以前受邀在「好消息頻道」主持「空中主日學」等節目不一樣，因為「好消息頻道」基本上是基督教的電視台，而郭倍宏董事長負責的卻是民營商業電視台。

但他後來再次邀請我談這件事，並說民視電視台將開一個叫做《台灣學堂》的新節目，不是只有我一個人開宗教心靈的課程，而是有一群學者專家開各種課程，有法律的，也有歷史、文化、藝術等等。他說他希望我能每天都「開講」，於是在二〇一六年十二月，我便答應下來。

在我答應之後，民視新聞台副總經理胡婉玲女士隨即和她的團隊約我談製作節目的事，並且很清楚地跟我說，無論我說什麼都可以。她看過我在「好消息頻道」講聖經的節目帶，表示對我要講的內容有信心。就這樣，我開始構想節目的內容方向。

其實，早在二〇〇九年、我還在台北東門長老教會牧會時，就開始將暑假兒童少年營的教材做了一個重要的改變——將過去只講聖經故事的內容，轉變成將聖經故事連結到台灣本土的人、事、物的故事上。我發現，參加的數百名學生都對「這些人」在台灣所做的「這些事」很有興趣，聽了之後還會回家轉述給父母聽，因此，有家長來問我到哪裡可以去買這些人的故事書。

後來，從兩年前開始，我進一步將這些「人」和「事」透過長老教會總會教育中心出版「兒童繪本」。當我開始介紹這些「人」和「事」時，也常會遇到故事主角的家屬很激動又感謝的反應，其中印象很深刻的經驗，是大約十二年前（或更早）我受邀在美國舊金山台美長老教會的演講中介紹「施乾先生」的故事，演講結束後，有一位姊妹帶著微笑過來握著我的手跟我說：「我就是施乾的三女兒施敏娜，謝謝牧師講我爸爸的故事。」我當時確實驚訝到有點說不出話來。也因為這樣，這十多年來，每當我到台美長老教會演講，施敏娜女士都會排除困難聽我演講。

因此，當郭倍宏董事長邀請我到民視《台灣學堂》開講時，啟示出版社彭之琬總編輯就給我非常好的建議，可以在節目中講「這些人，這些事」，我心想：「對喔！」我可以將這些用生命澆灌我們土地、卻逐漸被人們遺忘的故事，在電視上逐一介紹出來。

這也讓我想起一件事：大約是在十年前吧，我受邀到美國洛杉磯去演講，我講「台灣社會變遷的現象，和所帶來的社會影響」，並且提到最讓人懷念的，就是「這些人」在台灣奉獻生命所做的「這些事」。聽眾反應相當熱烈，一再問我：怎麼他們在台灣長大都不知道「這些人」和「這些事」？回來後不久，我接到美國親人來信，希望我能在美國的華文媒體《太平洋時報》寫這些故事。我真的開始寫，希望能寫到一百篇，但那時忙著教會的事，只寫了十五篇就停筆了。

後來在二〇一一年，我去參加「蔡瑞月舞蹈研究社」所舉辦的「第五屆文化論壇」活動，剛好遇到一位有名的節目主持人，我跟他說不要老是在電視上談政治的事，若是他願意每週一次介紹台灣美好的人文故事，我可以提供一百個人物給他參考。但這位名主持人面露不屑的表情，沒有回我任何一句話就離開了會場。

沒有想到，如今卻變成我在主持「這些人，這些事」的節目，而且已經講了超過兩百個「人」在台灣這塊土地上所做的「事」。這個世界真是巧妙之事接連不斷啊。

也因為在《台灣學堂》節目中講這些人的故事，有不少觀眾朋友聽了之後就陸陸續續提供資料給我，也有的觀眾來信讓我知道有些資料可以修正，真感謝觀眾朋友的善心。走在路上，或是坐公車、捷運、高鐵，甚至是在餐廳之類的公共場所，往往會遇到看過節目的觀眾主動打招呼，並且說：「盧牧師，謝謝你讓我們知道這麼多動人的故事。」這樣的反應不僅在國內，連在國外演講時也會得到這樣的回應。也接過故事主角的家屬來電表示感謝。

為了錄製的需要，我每週末要將講稿寄給製作小組，好讓他們進行前置作業。製作小組會先看過我寫的逐字稿，還會幫我看看是否有錯別字，真感謝他們的用心。

有許多遇到我或是關心我的人，都會問我說：「盧牧師，怎麼會有這樣多的故事都是我們不曾聽過的？」我都會這樣回答：「因為我們的教育並不重視這種人文的故事，但在西方國家，這樣的故事是從小學就開始編列在教材中了。」

像是來自挪威的畢嘉士醫師，他為了拯救一位狀況危急的痲瘋病人，用那病人身上的導尿管當作吸管，插入已經不省人事的病人的氣管中，將阻塞呼吸的痰給吸出來，救活了這個病人，讓所有圍觀的人又驚訝又感動。這件事很快傳回挪威，全國的小朋友們聽到這則感人的故事後，發起了一個運動，大家捐出零用錢來支持畢嘉士醫師在台灣的醫療服務工作，成了另一段佳話。然而，同樣的這個故事，在台灣卻沒有人聽過、說過。

也有一位東海大學教授跟我說，總有一天我會講完所有的故事，他希望我講完之後，能從頭再講一次，但要更深入，探討這些人會這樣奉獻自己生命的原因，因為故事中有很多來自國外的宣教師，他們都是學有專精的人，卻寧願把這些才華無私奉獻給完全陌生的台灣土地和人民，這背後一定有他們的生命哲學。這樣的建議非常有意義，卻遠超過我的能力。不過，我唯一能說的，就是從這些人的身上，我們可以看到有一股很深厚的基督宗教信仰要素，在他們的生命中閃閃發亮。

要特別感謝的是，當我在《台灣學堂》節目中介紹這些宣教師時，曾陸續打了許多電話給這些宣教師所創辦的醫院或機構，他們都很樂意提供相關資料，包括紀念冊、書籍，甚至DVD給我，尤其是當製作單位請他們提供圖片資料時，他們都很樂意分享，才使得我在節目中傳講這些人物故事時，能夠更加生動。

非常感謝啟示出版社彭之琬總編輯和資深編輯李詠璇小姐的一再鼓勵，原本對出這種書我是不抱信心的，因為我不知道有多少人對這種故事有興趣。但她們卻一再鼓勵我，為了不耽誤我的時間，還替我修潤了這本書所有的稿件，再次感謝。

這本書講了二十五個故事，其中有二十一個是外國人，四個是台灣人（包括嫁給台灣人的倪安寧女士）。希望這本書的出版，可以成為讀者傳講這些故事，讓親朋好友、兒女子孫認識我們台灣的好教材。若此，我的心願就滿足了。

二〇一八年六月十七日於台北

01

為我們的年輕人找出路——錫質平神父

一九五三年，有一群來自瑞士天主教「白冷會外方傳道會」的神父，在台東落腳，開始傳福音的工作。所謂「白冷」，就是基督教所說的「伯利恆」，而「外方」指的是去外國開拓福音工作的單位，就像基督教的「海外傳道會」一樣。

在他們當中，最先來到台灣的就是錫質平神父（Jakob Hilber）。他在一九一七年十月七日出生於瑞士東北部一個小村落，二十一歲那年加入瑞士的白冷會外方傳道會，在一九四四年晉鐸為神父。他一心嚮往去中國傳福音，所以趁著第二次大戰期間，他先去菲利堡大學學中文和中國歷史，戰爭結束後便如願受派到中國，那時他二十九歲。沒想到才經過兩年，因為國共內戰，共產黨先占領了東北，禁止任何外國人進入，連原本就在東北的外國人都不准繼續滯留。這讓他失望到極點，但也因為這樣，才使他有機會輾轉來到台灣。

一九五三年，花蓮教區的主教費聲遠神父（屬於法國的巴黎外方傳道會）請求瑞士白冷會派人來支援台灣東部教區的福音工作，因此，瑞士白冷會派遣了錫質平與司路加（Lukas Stoffel）兩位神父前來。他們到花蓮後，費聲遠神父帶他們搭車南下，抵達台東池上時，他告訴他們，從「池上」往下到「達仁鄉」都屬於台東縣，費神父希望白冷會接下這區域的工作，而巴黎外方傳道會就專職負責花蓮。錫神父一聽，都沒有跟瑞士白冷會會長聯絡，就說「好」。

錫神父那年三十六歲。他和司路加神父聯名寫信回瑞士白冷會總會，說出他們跟費神父的約定。台東確實是個很遼闊的地區，除了從池上到達仁鄉與屏東交界處「森永」（等於從嘉義到屏東楓港），連海岸山脈的縱谷區域都有聚落。也因為這樣，從一九五四年開始，白冷會總會陸續差派神父到台東來，後來又請求瑞士「聖十字架慈愛修女會」差派修女來協助醫療服務的工作。

這群來自瑞士白冷會的神父散佈在台東縣各地：海岸線北上到長濱屬於阿美族部落，山線則是從台東市區的福佬人、客家人，到卑南的普悠瑪族、魯凱族，往南邊大武鄉到達仁鄉和屏東交界的是排灣族，而從花東縱谷北上的延平鄉延伸到南橫公路海端鄉的利稻、埡口、天池等高山區域，都是屬於布農族，甚至越過山頂到高雄的三民鄉（今高雄市那瑪夏區）、桃源鄉，以及大家熟知的離島蘭嶼鄉等地，到處都可看見這群主張守貧、與貧困者相處的白冷會神父的腳跡。

這些神父每個禮拜一會回到台東市區的會所，大家一起敬拜，彼此分享在福音事工上遇到的經歷，然後一起用餐，隔天再回到自己的牧區。這樣的定期相聚，讓他們發現僅僅台東地區就有好幾種不同的語言，包括：台語、華語、客語、阿美、布農、排灣、普悠瑪、魯凱、達悟等，想要全都學會是絕對不可能的事。因此，他們決定先學習自己所在的當地族群語言，再學習官方的華語。也因為這樣，這些神父都說得一口流利的台語和華語，也幾乎都學會了他們所在地的語言，甚至，後來全心投入在高雄三民鄉、桃源鄉的賈斯德神父，還被國中、小學聘請去當布農語的老師。

錫神父剛開始是被分派到台東的「南興村」，那是位於大武鄉尚武村附近，屬排灣族的部落。因為他的用心，南興部落的頭目很快就相信耶穌，因為頭目信了，整個村落的原住民也跟著信了耶穌。也因此，南興村的排灣居民說錫質平神父是他們的「信仰之父」。這其實是原住民部落很快接受基督信仰的方式之一，就是頭目帶頭信耶穌，部落的居民就跟著頭目信。

把青春借我兩年就好

在南興村的時候，錫神父常看見村裡的年輕人，在農忙過後，總是三五成群地聚在一起喝酒、聊天，有時喝醉了就躺在路邊，讓他覺得甚是可惜。同時，每當他到台東市區，常發現已經是夜晚十點多了，卻還有許多年輕學生背著沉重的書包騎著腳踏車或走在路上。他問這些學生為什麼這麼晚還沒有回家，學生的回答是「去補習」。他聽不懂「補習」是什麼意思，就繼續追問，才知道原來是學校老師教的不夠，放學後要繼續到補習班或是老師的家補習，才有辦法考上大學。

他聽了之後非常不解，又問學生：「為什麼要讀大學？」有的學生說「大家都這樣」，有的說「爸媽的要求」，也有的說「以後比較好找工作」等等。這讓錫神父更加困惑了，也認為應該改變這些年輕人的想法。在他的想法裡，只要像猶太人教導子女那樣，讓孩子懷有一技之長，就不怕找不到工作。這讓他興起一個念頭，要將瑞士的職能教育引進台灣，改變台灣人對「讀書上大學」的看法。

他也更清楚地看見一件事：平地青年還好，他們的父母有資源可以幫助他們找工作，但原住民除了務農外，只有靠勞力一途，而且他們也沒有什麼家庭或親友的資源可以依靠。因此，錫質平神父認為他和天主教會應該傾全力幫助這群社會弱勢的原住民。他會這麼想，和他在排灣部落的牧靈工作有密切關係。因為他華語講得好，很多人都喜歡跟他聊天，談自己遇到的生活困境，包括他們到平地都會區工作被欺騙，更嚴重的，還有許多女孩子被賣去當妓女的事。因此，他第一個想到的，就是要讓這些原住民青年有一技之長，讓他們可以倚靠特有的技能來生活，才不會被欺壓、詐騙，甚至連唯一賴以生存的土地也被賣掉。

他把自己看見的景況分享出來，其他神父們都有同感，就是原住民部落的生活困境，和部落青年除了務農以及農忙期過後便無所事事的問題。他告訴其他神父，他的計畫就是在台東開辦一所技能訓練中心，引進瑞士的「師徒」職能訓練方式來教導原住民青年，大家都非常認同他的想法。於是，他寫計畫書給瑞士白冷會總會，準備買一塊土地建造技能訓練中心，主要目的就是培養、訓練原住民。

獲得總會同意之後，他又寫了好多的信寄給所有歐洲德語區的天主教會，請求教會鼓勵當時擁有歐洲或瑞士的木工、傢俱設計等證照的青年，到台灣來當義工，教導這裡的青年學習木工技能、製作傢俱。他在信中告訴這些青年：「請把青春借我兩年就好，所有來台灣的交通、住宿、膳食我來負責，只是沒有薪水。」第一年，他想要募集五名義工，結果應徵的信就超過兩百封，讓他深受感動。

其實，他一開始並不是要辦學校，而是要辦技能訓練所，且對象只有原住民。但後來，這些原住民經過訓練之後，紛紛獲得好評，於是有來自各界的壓力，要求將技能訓練所登記為職業學校。在神父當中也有人抱持相同的看法，錫神父雖然堅持不要，但後來還是登記了，這就是一九六〇年創辦了公東高工這所聞名國際技能領域的高中職校的背景。

可是也因為這件事，錫神父決定不再繼續協助該校事務。後來白冷會打算培養一位校長，選擇了台東長老教會的黃清泰長老，要他先去瑞士受訓，回來後接下校長之職。當黃長老接到通知，便寫信給錫神父，說如果錫神父不答應回來學校幫助他，他就不接校長的職位，錫神父便接受了他的請求。

不能說「差不多」，而是要「精準」

登記為職業學校之後，很多來讀書的台東青年都被人笑說：「要學當木工，只要拜師傅學藝，最慢三年六個月就會出師，何必花錢去讀書？笑死人！」每當聽到民眾這樣冷嘲熱諷，這些青年（特別是原住民青年）都哭喪著臉向錫神父傾訴，但錫神父並不氣餒。他又拉又逼原住民青年在農忙期過後跟他到學校去，不但請那些來自瑞士、德國等地的師傅教他們木工技能，還提供免費的宿舍給他們住。

那些來自歐洲的年輕師傅，一開始並不會台語和華語，但他們用畫圖、比手劃腳的方式，帶領原住民學生上山，從認識木材的特質開始為學生講解，讓學生知道釘子怎樣釘才不會彈跳、彎曲，而是會順利釘入木頭，且不會使木頭裂開。他們教學生怎樣聞出木頭的味道來判斷是屬於哪種樹木，以及它的材質與特性，也會指導學生如何用手指來感應木頭的濕度等等。

有趣的是，這些年輕師傅感觸很深地說，他們在台灣學到一句很特殊的話，是他們在歐洲幾乎不曾聽過、在工作職場也絕對聽不到的話，就是「差不多」。每當他們問學生木頭有多長，或是榫頭和榫洞相差多少時，學生總是回答「差不多是……」。於是這些師傅就會用很嚴厲且帶有警告的語氣告訴學生：「這邊若是差一厘米，那邊就差一吋了，這樣榫就不準，會使整支木頭因此浪費掉而不能用。不能再說『差不多』，而是要『精準』」。

瑞士鐘錶聞名全世界的主要因素就是「精準」，這也是錫神父想引用在學校教育中的精神。他告訴學生，即使是最微小的一根鐵釘，都可從中看出一個人的生命觀和工作態度。就算只有一釐之差，也會使一部原本可組合運轉的機器成為廢鐵。他讓學生知道，一部機器就像一個人的身體，上帝創造時都配合得非常好，這樣人才能走、跳、蹲、轉、快、慢等控制自如。因此，他絕對不允許學生有「馬馬虎虎」、「差不多」這樣的觀念，一定要到分毫不差才可以。

更特別的地方，就是每天實習工作結束後，即使是掉在地上的一根鐵釘也要撿起來，他說這不僅是錢的問題，更是一種工作態度，絕不浪費任何可用的資源。他說只有在這樣的情形下，人家才會尊敬我們所做的工作。錫神父不只是口頭告訴學生，還親自帶領學生每天在實習後把工廠的地面清掃乾淨，仔細地從地上撿起掉落的釘子，還要登記這些釘子裡直的、彎的各有幾支。有了這些記錄之後，就會知道自己不小心造成多少耗材，等於是一種「浪費」。

一九八〇年，在公東高工學生在國際技能競賽中展露才華之際，錫神父原本有意引進瑞士鐘錶技能，為此，他特地回瑞士帶鐘錶大師來台灣勘查環境，可惜因為台灣氣候太過潮濕，不適宜發展精密的鐘錶手藝工業而作罷。

此外，身為神父的他，非常清楚信仰會如何影響一個人的生命態度，因此，他帶領學生學習虔誠的宗教心靈，讓學生知道，他們每天的工作都有上天在看著。為了幫助從外地來的學生，他還特地在台東蓋了宿舍，叫「培質院」，由他親自輔導學生放學後的生活。也因為這樣，學生都知道學習和信仰是不可分的。更特別的是，在創校之初所蓋的第一棟大樓的樓頂，就是遠近聞名的「公東教堂」，學生可以去那裡參加聚會、默想，而設計該棟建築的，就是來自瑞士、歐洲著名的頂尖建築師「達興登」（Justus Dr. Dahinden）。

打敗台灣的升學教育

一個人的生命成長和茁壯不只需要知識，還要有虔誠的宗教心靈來支撐才會有美好成果，這點在台灣的教育中相當缺乏，但公東高工從創校起就確立了這個目標。在這樣嚴謹的訓練下，光是從一九七〇年到一九八五年，公東高工的學生在國際技能競賽中就拿了十二次木工傢俱競賽的冠軍。當時的教育部通過，只要是參加國際性比賽而獲獎的學生，就可以保送進入大專院校，就這樣，公東高工的學生一批批地保送進入眾人嚮往的師範大學（今天的台師大）和台北工專（今天的台北科技大學）。

別看錫神父是神職人員，辦起學來可是非常嚴謹，對於懶散的學生絕對沒有妥協空間，這對台灣許多年輕的一代確實很不習慣。有好幾次跟錫神父在一起交談，他都會很風趣地說：「盧牧師，我打敗了台灣的升學教育和聯考。」

原本錫神父開辦這所學校，是為了幫助台東原住民青年，讓他們透過木工技能兼差工作，也相對減少嚼檳榔、喝醉酒的惡習。但公東高工設立之後，卻同時改變了許多台灣青年的人生與未來，他們不再只有補習、聯考、進大學一途了。也因為錫神父這種「擁有一技之長，勝過擠大學門檻」的理念，政府才在他的幫助之下，在全國設立了六個職訓中心，造福許多年輕人擁有謀生的技能。

一九八二年，錫神父回瑞士去籌款幫助原住民學生，也順便去醫院做身體檢查，才發現已經是腎臟癌末期，並且預估他大約只剩下六個月的生命。為此，醫院不讓他回台灣，要留他住院治療。他的差會打電話給當時正在羅馬開會的單國璽主教，單主教聽到後，隨即表示開完會他就到瑞士去探望錫神父。當白冷會派人轉告這消息給錫神父時，他除了表示感謝，也立刻向醫院請假，說他要回修會拿些物品。沒有想到，他是回去拿著簡單的行裝就直接趕往機場，搭機回台灣來。他說：「我是台灣人，死也要死在台東！」讓原本想去慰問的單國璽主教撲了個空。

一九八五年三月二十八日，錫神父安息回天家，享年六十八歲。台東南興村的排灣部落族人認為錫神父是他們心靈的父親，應該讓他安葬在「頭目」的墓穴。因此，在公東高工舉行告別彌撒後，排灣部落族人在頭目的帶領下，將錫神父的遺體扛回南興村，安葬在原本是頭目要用的墓穴中。

錫神父常拿耶穌說的一個比喻來勉勵學生：「一個人在小事上靠得住，在大事上也靠得住；一個人在小事上不誠實，在大事上也不誠實。」★意思是說，一個人若是在小事上可靠，必然會在大事上忠實，因為這人已經培養出在最微小之事上的忠心，在更大的事上也就不會馬馬虎虎了。錫神父希望所有的學生都能從最小的分寸之處學會注意與真確，從這裡開始養成細膩的工作態度，而他訓練出來的學生，果然在做事態度上都是如此。他一生最值得我們學習的生命功課，就是照顧弱勢族群，不輕看他們，相反地，是用實際行動去鼓舞、栽培他們。

在公東高工的校園裡，豎立了一座錫質平神父站立的銅像。他雖然離開我們，他的精神卻值得大家永遠感念。

★路加福音16章10節。

02

台灣後山的白髮天使——慈愛修女會

很多人聽過台東關山非常有名的「親水公園」，還有聞名的「關山香米」，但我想跟大家介紹的，是來自瑞士「聖十字架慈愛修女會」的修女們所創辦的「關山療養院」。

這群修女們在一九五五年五月五日來到台灣，最早來的四位，分別來自瑞士與奧地利，她們是跟瑞士白冷會的神父們一同到來的。

這些修女們都學有專長，特別是醫療服務上都學有專精，因此，她們開始在台東海岸線的新港（官方地名為「成功」）、大武鄉的尚武村、達仁鄉的森永村，以及關山鎮設立了診所，服務當地的居民。

她們從一九六三年開始服務病人。一開始，她們買了一間簡陋的日式木造房子，她們親自整修，粉刷到如同新建的房子一般，然後開始服務關山地區的病人。經過兩年後，她們發現有很多病人是從當時的南橫山路走下來就醫，而且有的病人確實需要入院治療，所以修女們做了決定：將木造日式房子的小診所拆除，改成鋼筋水泥建造的兩層樓小醫院，有二十張病床可收容病人。

醫院規模雖然很小，但真是所謂的「麻雀雖小，五臟俱全」，不但有X光室，也有檢驗室，還從瑞士和歐洲各地徵求醫生，以「志工」的方式來協助。所謂的「志工」只有微薄的待遇，但從當時一直到一九八五年，都不曾有醫生短缺過。

醫院創辦之初，醫生都來自瑞士或荷蘭、德國、奧地利等歐洲國家，也因為醫院設備齊全，所有徵募而來的醫師幾乎都是「全科」醫師，開刀、治療、外科和接生一手包辦，而且醫院所有經費都來自瑞士天主教會信徒的捐款，所以在一九八五年之前，這些修女從沒有向外募款過。

她們都受過非常嚴謹的訓練，在物質生活上也秉持著她們在瑞士修院的精神：守貧。她們知道六〇年代的關山鎮，大部分民眾都是燒柴火或是稻草，所以她們也一樣自己劈、鋸木頭。她們也徵募原住民女青年來協助醫療服務的工作，但她們訓練的方式非常特別，不僅是訓練醫療護理工作而已，也訓練她們知道如何維護醫院的清潔、怎樣洗滌病人用過的床單被服，以及廚房的烹煮工作等等。經過修女們的嚴格訓練後，這些原住民助手可說個個都是醫院裡各種工作的老手。

這些修女更特別的地方，就是甚少將醫院的工作外包，例如醫院牆壁油漆、病床輪椅器材修繕……等等，幾乎都是親手去做，從當年的關山醫院到現今的關山療養院都是如此，從來沒改變過，即使現在她們年紀已經過了八十歲，還是這樣做。

有一次，我看見今年（二〇一八年）已經八十四歲的饒培德修女在劈木柴，就告訴她說：「我回台北找教會青年來劈，一次劈半年的分，存放著用。」她竟然回答我說：「盧牧師，現在的年輕人已經不會劈木柴了，這工作很危險，**我們修女受傷了沒有關係，你們的青年受傷了，就不好**。」聽她這樣講，我實在不知道該怎麼回答。

醫院後面有個大院子，種有香蕉、木瓜和薄荷草，她們讓病人免費享用台灣最棒的水果，也自己製作薄荷茶給病人喝。院子裡有曬衣場，她們將洗好的衣服和被單拿到曬衣場曬太陽，曬乾之後，一定要熨斗燙過才使用，即使是尿布也不例外。有一次，台北和信醫院的護理主任和企劃室主任帶幾位護理師去造訪，看見醫院訓練出來的護理人員在燙尿片，然後將燙好的尿片一片片擺放整齊，驚訝到不行，說：「從來沒有看過連尿片也要用熨斗燙平後才使用的！」

請給我們修女！

醫院二樓有一間小小的祈禱室，修女們每天清晨四點半就起床，會用一個小時的時間祈禱、靈修。她們告訴我說：「我們每天最重要的工作，就是一定會向上帝祈禱。因為這是每天工作力量的來源，就是有得到天主的賜福。」然後，每天下午大約在六點左右，她們會在教堂再次相聚，將每天工作的結果，透過祈禱獻在上帝面前。她們說：「沒有祈禱，生命就不會有力量。也只有這樣的靈修、祈禱，才會使自己知道需要倚靠上帝，也會使自己保持清醒的心靈，知道自己所做的事，都是在回應上帝揀選的愛。」

因為醫生都是來自歐洲德語區（大部分來自瑞士），因此，她們訓練了一位台灣布農族的原住民修女，名叫「邱山美」，她會說一口流利的德語，也會講台語、華語、布農語、阿美語，讓所有病人在看醫生時都沒有語言上的問題。而這些來自瑞士或歐洲的醫生，除了在關山天主教醫院看診外，每個月也要開車去新港、尚武、森永等地出診。

有很多時候，她們也會接到南橫公路山上，布農族部落的警察檢查哨打來的電話，說有人病了，無法下山就醫。修女們就會趕緊開車載醫生到山上出診，若是需要入院治療，她們就會將病人載運下山來住院。她們知道原住民在經濟上的困境，所以都不計較費用，直到一九八〇年代都是如此。

她們對原住民充滿悲憫的心，因為知道這些原住民還要搭車回到山上部落，每次都只收台幣五元的費用。有時過了中午，她們會請這些原住民在醫院用過午餐之後才回去。若是黃昏接近下午五點了，知道已經沒有車子可回山上時，她們也會讓這些原住民留在醫院過夜，等天亮之後再搭早班公車回去。

時間過得很快，當初她們來到台灣時，年紀都只有三十出頭。當年在關山天主教醫院的瑞士修女，最多的時候曾經多達十五名，但漸漸地，有的因為身體有問題而回到瑞士，有的因為老邁而被瑞士修會調回去，經過這六十二年時間，到現在還留下來的，就只剩下三位修女了。

其中，二十八歲時來到台灣的饒培德修女，如今已經八十四歲，在台灣已經超過五十六年。而馬惠仁修女也已經八十五歲，在台灣待了四十九年。最年輕的一位是裴彩雲修女，她也是這群修女中第一位考上台灣護理執照的護理師，說得一口流利的華語，她是奧地利人，和其他修女同屬於聖十字架慈愛修女會。她們可說是把一生的生命都奉獻給台灣，在後山照顧貧困的病人。另有一位葛玉霞修女，她在二〇一五年回到瑞士，結束了長達五十年的醫療服務奉獻。

這位葛玉霞修女原本也在關山天主教醫院服務，馬偕醫院在台東市開設分院時，葛修女和另一位布素曼修女改到新港的小診所去為當地的病人服務，特別是阿美族的年老病人。她們並不是等病人來小診所，而是只要知道有病人無法來，她們就騎著摩托車去訪視這些年老病人，一直到有一年，布素曼修女因病回天家，剩下葛修女一人。

後來她某次騎摩托車時，為閃避從巷道中闖出來的小孩而摔倒在地，導致肩胛骨折斷，腳部受傷嚴重，雖經過手術治療，仍無法繼續騎著摩托車到各村落去服務病人。然而，她卻堅持用走的方式去探望那些無人照顧的獨居年老病人，她就這樣一直忙碌著，沒有停止。直到二〇一五年初，她自覺身體已不再能行動自如而決定要離開台灣。我試圖挽留她，她卻這樣跟我說：

盧牧師，我已經老了，行動也不方便，我不想麻煩台灣人，我要回瑞士修會去，那邊有人照顧我。但我要感謝台灣人，你們都不嫌棄我年老，還願意接納我去家裡為病人服務。

這段話也是她臨行前，在高雄小港機場面對記者採訪時所說的話。

我每年都會有幾次去關山探望她們，每一次我在離開之前都會說：「若是有需要什麼幫忙，請一定要讓我知道，不用客氣。」裴彩雲修女就這樣回答我：「盧牧師，請給我們修女！」聽起來很像是在開玩笑，但也說出了她們心中的憂慮。原因是瑞士「聖十字架慈愛修女會」總會認為台灣經濟已經非常好，台灣人應該會自己負起這種醫療工作，所以希望差派更多的修女到更需要她們的地方，特別是像非洲這種醫療貧乏的地方，去照顧有需要的病人。

從來沒改變過的愛

一九八三年，關山天主教醫院的修女們聽到馬偕醫院要在台東蓋分院的消息後，就決定將原本的小醫院，改換成專門照顧最棘手的病人、也是台灣人最不想做的事，就是將醫院改成「療養院」。會有這樣的決定，有兩個重要因素：

首先，讓馬偕這種大規模醫院來服務台東地區的病人，會比她們這種小型醫院更周全。加上當時花東鐵路已經改成寬軌，交通運輸比過去她們剛來台東時要好很多。

另一個原因是，從一九八三年開始，政府衛生單位很明確規定，任何人要行醫，都必須有醫師執照才可以。但是這些來自瑞士、歐洲的醫師都無法取得台灣的醫師執照，因此，要繼續用醫師的身分來服務病人，就會遇到醫療法的問題。

醫師法的改變，使得這些修女們無法繼續從瑞士、歐洲徵募有心獻身醫療服務的醫護人員來台灣的後山。而最為可惜的，是政府並沒有更周全的計畫，好讓欠缺醫護人員的偏遠地區，可以獲得足夠醫療人力的投入。

於是，這些修女們用兩年時間準備，從一九八五年開始，將原本的醫院改變為現今的「天主教關山療養院」。她們堅持只照顧貧窮的植物人病患，這種堅持以及她們一開始來台灣投入醫療服務所懷抱的理念和愛，直到現今都沒有改變過。修女們說，這是她們對上帝「許的願」，這樣的「願」是不能改變的，只能堅持守住。而能這樣堅持下去的動力，就是前面有提過的，培養心靈的飽足，每天向上帝祈禱，這樣的信仰功課是非常重要的因素。唯有如此，才能使人在投入這種冷僻地區關心生命問題時，能維繫著當初「獻身使命感」的熱情而不會衰退。

修女們花了不少錢，將醫院改造成療養院。設置專用的電梯，並擴增病床，從過去只有二十張病床，增加到可收容四十名病人住院。因為堅持只收低收入戶，修女們已經做好了心理準備，過去在照顧原住民病人時，她們有過很多經驗，即使她們收的費用已經非常低，還是會遇到有些病人家屬因為貧窮而繳不出費用，往往會將親人丟在醫院，甚少或是完全不去探望，後續的費用也從不繳納。但修女們把這些都承受下來，一句怨言都沒有說出口，只會說「但願上帝憐憫這個病人的家屬」。她們希望那些家屬可以來探望病人，不要忘了他們，特別是自己的父母。

為了節省療養院的開銷，修女們堅持不使用紙尿布或紙褲，除了認為對環境污染嚴重外，也因為花費實在是太重，況且她們所照顧的病人全是低收入戶，要讓家屬買紙褲確實是極大的負擔。因此，她們都是用大醫院淘汰下來的病床被單，將之修剪成尿片褲，在換洗後，就在曬衣場曬乾，經過熨斗燙平之後才會用在病人身上，這樣一來，所有的病人都非常舒服。她們也會有紙尿褲讓大家在夜晚睡覺時使用，可以讓病人獲得良好的睡眠，也讓負責照護的工作人員可以休息。

修女們說瓦斯很貴，因此，她們除了裝太陽能外，還是繼續燒木柴，必要時才會使用瓦斯。現在已經很少有鄉下人還在燒木柴了，關山鎮的民眾知道修女們還用木柴燒熱水，來為病人擦拭身體或洗澡，所以，經常有關山鎮民去山上工作時，會設法將枯死的樹幹帶下山來給這些修女，而修女們就會用電鋸鋸木頭（以前她們年輕時，還會用斧頭劈）。關山的鎮民知道修女們對貧困同胞的愛，所以往往會主動贈送各種食物，特別是米、麵條等物品，好讓她們多少可以減輕負擔。

一般療養院或醫院，只要進去，都會聞到一股刺鼻的消毒味或藥品味。但在這間療養院裡，卻是連一點點這種味道都沒有。更特別的，是她們將瑞士人那種愛好乾淨的習慣帶入了療養院，也因此，這些貧困的植物人病患的身體和醫院環境保持著完全相同的氛圍——非常乾淨！

帶植物人去「遊街」

有一年，我在台北醫學大學為醫科五年級生上「醫療典範」的課。學生們聽我介紹這些修女在台東關山所做的醫療服務工作，在深受感動之餘，有將近四十位學生特地利用寒假期間前去訪問，並且詢問修女們有什麼是他們可以做的。修女們反問他們可以做什麼，他們想了想，可以替醫院刷油漆。修女們問他們要停留幾天，學生們回答「一天」。修女們告訴這群學生，刷油漆要先將舊漆刮掉，凹凸不平的地方要先補土，等乾了之後才可以上漆，這樣至少要一個禮拜。

學生們沒辦法停留那麼久，後來他們提出要替修女們鋸木柴。修女們問有哪位學生過去有鋸木柴的經驗，結果都沒有。修女也問他們是否有人使用過斧頭，也是一個都沒有。

於是，饒培德修女跟這些學生說：「你們還年輕，用電鋸鋸木頭，或是拿斧頭劈木柴都很危險。我們年老了，不小心若是鋸斷了手指，或是傷了身體，都沒有關係，但你們還年輕，以後要當醫生，絕對不能讓身體受傷。」

饒修女的這些話，讓這群學生感動到不行。他們開會討論，無論如何一定要替這些修女做些事才可以。經過討論之後，他們問修女有沒有輪椅，修女說：「有，每個病人都有一台輪椅。」這些學生告訴修女，要將療養院中的病人推到關山鎮的街道上繞一圈。修女們很驚訝學生們有這樣的構想，這是修女們從來沒做過的事，便同意讓他們去做這件很有創意的事。就這樣，這些學生放下他們身上的物品，去病床抱出三十八名植物人病患，然後很整齊地推出輪椅，有如「車隊」一般，讓這些植物人也可以去「遊街」。

關山鎮民看見這些植物人坐在輪椅上出來遊街，而且都不是外傭在推輪椅，而是一群看起來就像學生的年輕人在推，都感到相當好奇，有人跑出來問這些推輪椅的學生是什麼單位，有的人問他們打從哪裡來。學生們感到相當振奮。就這樣花了大約一小時，在鎮內街道繞了一圈後回到醫院。結果他們發現每個病人雙手都緊緊握住輪椅不放，經過裴彩雲修女和這些病人對話和解釋之後，才知道這些病人希望能再繞一圈，於是這些北醫醫科五年級學生就再把病人推到街上去繞一圈，大開了關山鎮民的眼界。

這些學生沒有向校方說這件事，是我去探望這些修女時，她們告訴我的。我回到台北後，將這件事轉告給當初設計「醫療典範」課程的蔡尚穎教授，他相當驚訝學生有這種「身體力行」的決心，之後他才要學生將這件事寫成心得報告。其中一位學生這樣寫著：「有一天，我也要下鄉去好好照顧貧窮的病人，我要讓盧牧師知道，不是只有外國修女才會做這種疼愛貧窮病人的事，我也會！」看到這樣的心得，確實讓我好受感動。

修女們最喜歡的一節聖經經文，就是：「我為了福音的緣故做這些事，目的是在跟別人分享福音的好處。」★

★哥林多（格林多）前書9章23節（編注：本書出現的聖經章節或人名，在全書首次出現時，以基督教、天主教之通用譯名對照的方式呈現，方便教友閱讀）。

確實，她們把生命的愛分享給我們，而且是毫無保留的分享。這些修女所做的，其實就是在實踐耶穌在〈約翰福音〉（若望福音）中給予門徒的教導：**放下自己的身段，替別人洗腳**。

真感謝她們，真感謝上帝的愛。透過這群來自瑞士、奧地利的修女，將上帝的愛奉獻在我們台灣的後山。如今這些修女都已經老邁，而現在關山天主教療養院非常需要有證照的護理人員去協助。若是你有這樣的證照，且願意奉獻兩、三年的時間，不計薪水的多寡，可以考慮去那裡協助這些年老的修女，讓她們可以好好地在台灣享受生命最後幾年，替我們台灣人向她們說：「謝謝妳們愛我們，換我們來報答你們。」不用很長的時間，就能讓這些修女感受到台灣人濃濃的愛。

03

用生命挽救痲瘋病人——畢嘉士醫師

很多人聽過彰化基督教醫院創建人老蘭醫生夫婦的故事，也聽過花蓮門諾醫院的薄柔纜醫師、台東基督教醫院的譚維義醫師給台灣人的愛與奉獻，比較少人聽過屏東基督教醫院的創院院長「畢嘉士醫師」（Olav Bjørgass）夫婦的故事，其實他們的故事也是非常感人的。

畢嘉士醫師夫婦是來自挪威的醫療傳道者。他是一九二六年九月七日出生於挪威的一個小村落，小時候家裡非常窮困，因此他從小就意識到，不讓父母擔心他在學校的課業，就是努力工作的父母最感到欣慰和高興的事。

中學時代的他，有一次讀到一本關於挪威醫師「海藍德」（Hylander）到非洲的衣索匹亞投入醫療宣教服務的書，他大受感動，從此向上帝許下一個心願：有這麼一天，自己也要到需要他的地方，投入醫療服務的工作。

他將這個心願告訴父母，他母親感到相當欣慰，只是擔心貧困的家境沒辦法讓他去醫學院讀書，但他父親卻認為一切上帝自有安排。果然，畢嘉士醫師在中學的成績很好，一位荷蘭神父願意推薦他到荷蘭的烏卻希特大學（Utrecht University）醫學院就讀。就這樣，他從荷蘭語開始學起，用比別人更多的時間努力學習，三年來成績都非常耀眼。一九五〇年，他利用休假期間回到挪威，在一家障礙復建中心打工，也在這裡遇見了未來的妻子卡莉．漢森（Kari Hansen）。

完成醫學訓練之後，他和新婚妻子成為挪威「協力差會」派遣的國外醫療宣教師，搭船航向台灣，在一九五四年安抵台灣的基隆港。在出發前，他們曾有過宣誓，其中最重要的一段，就是耶穌差遣門徒出去傳福音時所給予的勸勉：「你們白白的得來，也要白白的捨去。」★畢醫師夫婦很清楚，這段話就是往後他們在台灣當醫療傳道工作者的精神準則，就是要完全奉獻出來。

就像所有從外國來台灣的宣教師一樣，都要先學習語言。本來他們也是這樣安排的，但彰化基督教醫院的魏克斯醫師告訴他們，說深深期盼他們能去新莊「樂生療養院」協助醫療服務的工作。他們沒有多加考慮就接受下來，因為他們想盡快幫助病人，也可以透過跟病人接觸而學習真正民間所用的語言。

就這樣，畢嘉士醫師夫婦在一九五四年八月來到樂生療養院，為一千多名的痲瘋病人服務，而這時的畢醫師才二十七歲，他的妻子卡莉也才二十四歲而已。當他們進入樂生療養院，看見的是一群被痲瘋病侵襲，導致身軀變得奇形怪狀的病人，有大約兩百個病人臉孔已經腐爛、鼻子塌陷，雙腳走起路來相當緩慢，雙手如同硬化的瓜子藤，還有殘缺的手指、沒有牙齒的嘴巴等等，這些景象讓人看了就不寒而慄！

後來畢醫師這樣形容樂生療養院：「樂生療養院是公立的，但是每年的經費遠遠不夠用來經營這樣一個園區，既要餵養和照顧這些重病患者，還要支付大約三十個職工的薪水，這些痲瘋病人幾乎要被餓死，而即使他們領得到藥物，往往也不夠減緩他們的症狀。」

從畢醫師所描述的這種情形，就可知道當時政府單位對痲瘋病人的漠視和輕忽的態度。

其實，樂生療養院曾在一九四九年發生過院民暴動的事件，後來經過芥菜種會創

★馬太（瑪竇）福音10章8節。

辦人孫理蓮女士的安撫才穩定下來。孫女士除了供應療養院各種需要之外，還蓋了一間禮拜堂，每個禮拜天都親自和痲瘋病人一起參加禮拜。後來畢醫師夫婦也加入痲瘋病人禮拜的行列，他們夫婦都會和病人並肩而坐，讓病人感覺溫暖、沒有距離，所以後來痲瘋病人之間就流傳著這樣的話：「白人的皮很像鱷魚的皮，很硬，連痲瘋病都傳不進去！」

不顧自己安危，只為救活病人

畢醫師夫婦看見醫院的工作人員，每當要接近病人時，都會戴上手套、口罩，穿上防護衣，他們說這是為了避免被感染。但畢醫師說這是沒有道理的事，雖然痲瘋病是透過空氣和接觸而傳染，但這和基因有密切關係，被感染的機率很低。畢醫師認為這樣全副武裝地看診，只會使自己和病人之間更有隔閡，病人不會對他有信任感，而沒有信任感，醫病的療效就會降低。對此，他們夫婦有個共同的信念：「所有的人類都是上帝所創造和所愛的對象。因此，應該要**彼此相同對待**才正確。」

此後每個禮拜日，畢醫師夫婦和病人一起參加禮拜時，他都會穿西裝、打領帶，而妻子卡莉則是穿著洋裝，和已經坐好的痲瘋病人坐在一起，每次都讓那些痲瘋病人感到振奮。後來畢醫師夫婦決定以後不論是看診或是探訪病人宿舍，他們都不再戴口罩、手套、鞋套，也不穿防護衣，就是西裝加上白色的醫師袍。他們用這種方式告訴樂生療養院所有的痲瘋病人：「我們愛你們！」

可是，當他們決定這樣做之後，院內的其他同事都認為這種行徑簡直就是「自殺」，有許多同事開始跟他們保持距離，除非有必要，否則完全不想接近他們，理由也很清楚：**害怕被感染痲瘋病**。漸漸地，他們成為院內不受歡迎的對象。

即使如此，他們夫婦並不因為同事的杯葛而有怠慢的念頭。當他們與病人的互動變得更加緊密時，發現一千多名的病人當中，竟然有大約三百五十名病人感染了肺結核病，他們認為這個嚴重性更甚於痲瘋病。因此，他們用心地將一間廢棄的倉庫改造成臨時的肺結核病房，將這些有傳染性肺結核病的病人給強制隔離出來，住在改造的病房裡。

他們的努力獲得許多外力的協助，包括當時的國軍醫院反應也很快，主動派出兵力為他們蓋了一棟新的隔離病房，同時肺結核防治中心捐助了X光機，並提供藥材，這些積極的反應都讓畢嘉士醫師夫婦感到欣慰，他們的努力終於有人給予肯定。

然而此時，樂生療養院卻一再傳出有病人自殺的消息。其實這樣的事一直都在發生，只是之前沒有人跟他們提起罷了。他們現在才知道這種自殺事件幾乎每天都有，造成院民的心靈不安，畢醫師夫婦也感到相當不解，為什麼會這樣？此外，有些院內的痲瘋病人會聚在一起賭博，每次都伴隨著打架事件，所以屢次被畢醫師嚴厲阻止，他會大聲斥責這些病人，甚至有幾次在憤怒之下把賭博的桌子掀翻，也因為這樣，那些愛賭博的痲瘋病人就非常討厭畢醫師。

有一天下午，正當他們夫婦在為這些挫折感到難過，而向上帝祈禱時，突然聽到有人大聲喊叫：「救命啊！救命啊！」聲音裡帶著顫抖的哭音，哭喊著說：「我們要醫生趕快來啦！」於是畢嘉士醫師馬上停止祈禱，跑出門外，跟著那個叫救命的病人一起跑去。他看到有個病人躺臥在一個年輕人的腿上，那倒下去的人是父親，年輕人是他的孩子。這位父親幾乎快斷氣了，看起來就知道隨時會死去，很多病人聽到呼救聲而跑來看，圍繞在他們旁邊，七嘴八舌地議論著。

這時畢嘉士醫師蹲下去觀察，才發現這病人的喉嚨有氣切，但因為痲瘋病，他的喉嚨已經損傷潰爛，還有濃濃的痰卡住了他的氣管，導致缺氧而停止呼吸。病人的兒子也是痲瘋病人，雙手的手指頭已經不見了，但他仍用雙手抱著父親，用祈求的眼光望著畢嘉士醫師，以極其哀傷的聲音懇求畢醫師挽救他的父親。

畢醫師知道若是他跑回診療室拿器材來，一定來不及救這個病人，而且大家會說他臨陣逃跑，等病人死了才回來。此時他發現這病人身上掛著一條導尿管，於是，他立即取出導尿管，用手帕擦了擦，往管子裡用力吹了幾下，然後將管子插入病人的氣管中，用自己的嘴大力吸出卡在氣管裡的痰。

他連續吸了三次，每次都把吸出來的痰吐在自己的手帕上，這時病人恢復了呼吸，意識也清醒過來，就這樣救活了這個病人。但他這個舉動卻驚嚇了所有圍在旁邊看的痲瘋病人，大家都無法相信會有這樣的醫師，竟然不顧自己生命的安危救活了病人，那可是痲瘋病人，他還用自己的嘴去吸痲瘋病人氣管裡阻塞的痰，吸到自己嘴裡才吐出來，這真的是令人無法想像的事啊！

就從那次之後，整個樂生療養院的氣氛改變了，大家都被畢嘉士醫師這種無私的大愛感動到說不出話來。他變成醫院裡的英雄，而那時他才二十幾歲，並沒有什麼特殊的醫療臨床經驗，台語又說得破破爛爛。後來畢嘉士醫師回憶這件事時，只是淡淡地說：「只要心中有愛，這個世界就會改變。」然而，他的愛卻超過了所有人能夠想像的極限。

「特別皮膚科」開診

在樂生療養院工作期間，畢嘉士醫師發現，常有來自高雄、屏東的病人被強制送來這裡隔離，他們夫婦常常討論這個問題，也有了共識：若是這些病人在被送來之前就能獲得治療，效果應該會更好。假設台灣有七、八千名痲瘋病人，其中可能有大部分病人是躲藏起來的，因為他們怕衛生單位將他們強制隔離出來。畢醫師夫婦心想：「若是這樣，我們能為這些躲藏在暗處的人做些什麼呢？」

為了這件事，畢醫師夫婦第一個就是詢問療養院裡來自屏東和高雄地區的病人，請他們提供故鄉其他痲瘋病人的資料。通常痲瘋病人是不會說出來的，因為他們知道從家裡被隔離出來是很殘酷的事，但他們現在相信畢醫師夫婦是真的疼惜痲瘋病人，因此，他們就讓畢醫師夫婦知道真實的病人資料。

於是，畢醫師夫婦決定離開樂生療養院，下去屏東。一九五六年，他們將在樂生療養院的工作交給了來自美國的另一位宣教師。當他們要離開的那天，院內的病人幾乎都出來夾道送別，許多人哭了，這些病人一邊流著淚，一邊唱著他們從教會學到的這首詩歌：

一切需要主必供應，天父必看顧你；
無一祈求主不垂聽，天父必看顧你；
無論你遇到何種試煉，天父必看顧你；
軟弱疲倦靠祂胸前，天父必看顧你。
時時看顧，處處看顧，祂必要看顧你，
天父必看顧你。

每個人眼裡都流下不捨的淚水，大家一一跟畢醫師擁抱，親熱地緊握著他的手不放。在這些痲瘋病人的眼中，畢嘉士醫師已經不只是他們的醫師，更是他們生命中不可或缺的親人，比他們的親人更愛他們的親人！

離開樂生療養院之後，畢嘉士醫師夫婦馬不停蹄地繼續他們的行程。他們一抵達屏東，立刻和衛生單位聯繫，表示要為痲瘋病人服務，這讓當時屏東衛生單位的官員和醫護人員都大感驚訝，竟然有人願意主動到屏東投入治療痲瘋病人的工作。於是他們答應畢醫師夫婦，把位於市郊的縣立醫院後面，原本準備作為霍亂、肺結核、天花等傳染病發生時的緊急隔離病房，提供給他們使用。就這樣，他們在屏東有了一間專門用來診治痲瘋病人的診所。

但是痲瘋病診所不能公開，因為一公開，病人不敢來就診，鄰近的居民也會嚴厲排斥。因此，畢醫師就在診所外面掛著「特別皮膚科」的招牌。夫妻兩人各自雇用一輛三輪車，按照他們從樂生療養院院民所提供的病人資料，四處去探訪。

從高雄到屏東，他們走訪許多貧民窟，用簡單的台語告訴這些病人和家屬，他們有一家診所，就是為了「特別皮膚問題」的病人開設的，然後拿診所的地址給病人或家屬。另一個更積極的方式，就是去公車站、火車站、菜市場，只要遇見民眾，就告訴民眾關於他們的工作，但經常遇到民眾用奇異的眼光看著他們。

有一天，他們搭乘一輛三輪車，畢醫師發現三輪車夫在炎熱的夏天卻還用毛巾包住整個頭，只露出眼睛和耳朵，其他部位都包住了。下車的時候，他請這位三輪車夫將頭巾拿下，發現他整個臉部都是疤痕，於是他拿地址給這位三輪車夫，就這樣，這位車夫果然來醫院就診。就這樣，在短短的一個月內，他們的「特別皮膚診所」來了二十三個病人，讓他們感到非常欣慰。

畢醫師夫婦專心投入服務痲瘋病人的工作，特別是樂生療養院那位被濃痰塞住氣管、差點喪命的病人，是因為畢醫師緊急用導尿管親自用口吸出濃痰才救活過來，當這個消息傳回挪威時，震撼了挪威國民，也感動了挪威全國基督教會的小孩子，他們捐出零用錢來幫助畢嘉士醫師，畢醫師夫婦就用這些錢在高雄三民區買下一塊地，協助興建台灣南部唯一的一間痲瘋病人收容所。

帶去世的病人回家

除了在樂生療養院發生的感人故事外，我想說說畢嘉士醫師在屏東基督教醫院所做的另一件非常值得懷念的事。

事情發生在一九五八年的一個夜晚，有一對面露絕望之情的夫婦來到醫院排診。婦人患有嚴重的腎衰竭病症，而這種病症和她所患的肺結核病有密切關係。丈夫曾為了治療妻子的肺結核病而四處尋醫，甚至找過密醫，但都沒有得到醫治。不但這樣，也沒有任何醫院願意提供病床，讓這位婦人入院治療。當這對夫婦到屏東來找畢醫師時，他將這對夫妻帶到一間病房，仔細地為婦人檢查，然後很坦白地告訴他們說，治癒的機會非常渺茫，但他接受這個婦人入院，也會全力照顧她。

沒有想到，當天晚上，這位婦人就在病房裡嚥下了最後一口氣。傷心的丈夫緊握著畢醫師的手，由衷地表示感謝，因為他們跑遍了整個高屏地區的醫院、花盡了所有積蓄，也沒有一家醫院願意挪出一張病床讓他的妻子入院，如今才得到畢醫師提供病床收留他的妻子，也一直陪伴到他的妻子過世。

這位丈夫問畢醫師說，可否請他幫忙一件事，畢醫師回答自己會盡力幫忙。這位丈夫說他是台灣民間信仰，家住在枋寮，那裡的信仰和習俗規定，在醫院去世的人，遺體和棺木不能放在村子裡，必須在村外搭帳棚放置，但他實在不忍妻子這樣死後，身體還要放在外面。因此他請求畢醫師，趁著半夜沒人看見，幫他將妻子送回家裡，這樣他才能告訴親友，妻子已經平安返抵家門，可以在家裡安息。

來自基督教國家挪威的畢醫師，是第一次聽到這樣的宗教信仰和習俗。他雖然無法理解，但這個請求卻讓他很感動，認為這件事對這位丈夫來說一定具有相當意義，因此就答應了下來。

他先陪這位丈夫到管區警察那裡拿到了「宵禁通行許可證」（因為當時是戒嚴時代，夜間外出要有通行許可證才行），然後打算雇一部車子來運送。但畢醫師擔心司機可能不願意運送死去的病人，就用面紗將婦人的臉包起來，再用毛毯裹住婦人的身體，把婦人架在兩人中間，看起來好像站著一樣，然後兩人一面架著婦人往前走，一面聊天，裝作沒事的樣子。可是眼尖的司機一眼就看穿了，大聲驚叫說「那是死人！」，還很生氣地說如果客人知道他的車子載過死人，以後生意就不用做了，所以拒絕載送他們。

因為已經是深夜時間，要另外找車子並不容易，此時，這位丈夫說：「醫師，我看見你有一部摩托車，你能幫我這個忙嗎？」畢醫師很少對病人說「不」，因為他一直認為病人是真的有困難才會對醫生開口。另外，他也始終謹記著耶穌說的這段話：「假如有人強迫你替他背行李走一里路，跟他走兩里吧！」★因此，當這位丈夫提出摩托車的事時，畢醫師就知道該怎樣做了。

他從病房拿出一條舊床單，撕成長條狀，然後將死去的婦女背在自己背後，再請這位丈夫用這些布條綁在自己的腰部和胸部，坐在妻子後面緊緊抱著前面兩人。我們可以想想這個畫面：兩個男人中間夾著一個剛去世的女病人，從屏東騎四個小時摩托車，就這樣一路騎向枋寮——也就是他們的家。

那是戒嚴時代，晚上九點以後就有宵禁，每個路口都有路檢。他們三個人騎著當

★馬太福音5章41節。

時還不常見的摩托車在路上非常顯眼，果然，手持長槍的士兵看見他們，馬上吹響了哨子要他們停下。士兵很快就看出這是一個死去的人夾在兩個人中間，頭是低著的，雙手的手臂無力地下垂，這些上前來的士兵見狀，連問一聲都沒有，反而嚇退了好幾步，趕緊對他們說：「快走，快走吧！」

一路上，畢醫師騎得很慢。他的摩托車不是什麼名牌車，而且背上綁著一個剛死去的婦人，萬一騎快車出了狀況會更加麻煩，因此騎到枋寮的時候，已經是清晨四點多了。還好這時候天還沒有亮，沒有任何人家起床，他們來到枋寮的一個小村落，一間用竹子蓋起來的低矮房子。

當車子騎到家門口時，這位丈夫請畢醫師繼續背著他死去的妻子，他先進入客廳，將神明桌上的神明用布蓋起來，在地上鋪好木板之後，才請畢醫師進入，然後將妻子卸下來，放在木板上。這位丈夫點燃了香，向上天祭拜之後，便緊握著畢醫師的雙手，流著眼淚向他致上誠心的謝意。這也是畢嘉士醫生在台灣第一次遇到這麼特別的生命經歷。他無法理解這是怎麼一回事，但他知道要尊重不同信仰對生命的態度，這也是他在台灣要學習的重要功課。

後來這件事被傳揚開來。原來這位貧窮的丈夫在天亮之後轉告親友，說自己的妻子已經去世，而在她最後一口氣嚥下之前，是畢醫師親自用摩托車把她綁在自己背後載運回來。這位丈夫詳盡地描述整個過程，而這故事就這樣一傳十、十傳百，整個枋寮人都知道了這個感人的故事，連報紙上也刊登了。後來畢醫師讀到這則報導，枋寮的居民還派代表去向畢醫師當時所在的屏東基督教醫院表示至高的謝意。畢醫師說：「我只是做我可以做到的事而已，這沒有什麼啊！」

畢嘉士醫師夫婦用全部的生命之愛，灌溉了樂生療養院和屏東基督教醫院。他們的愛，值得我們深深感念。

＊本文資料由屏東基督教醫院提供。

04

帶來光明與溫暖的蘭嶼之燈——魏克琳宣教士

在台灣，魏克琳女士（Grace Irene Wakelin）是一位鮮少有人知道的宣教師，因為她並不是由任何差會機構派遣而來，而是自己主動來到蘭嶼，在蘭嶼待了長達二十五年時間，與島上的達悟族人生活在一起，學會他們的語言，並且窮盡所有力量投入翻譯聖經的工作，就是為了幫助蘭嶼的族人可以閱讀聖經。但是大多數的人都不知道她的故事，連台灣的基督教會都甚少有人記得她。

魏克琳在一九〇九年出生於加拿大的曼尼托巴省（Manitoba），父親算是成功的事業家，經營廣大的農場。有趣的是，魏克琳從小就因為個子矮小而感到自卑，沒想到她後來到了蘭嶼，發現她的身材和蘭嶼的達悟族人差不多，這時她才知道，原來她矮小的身材是上帝為了安排她到蘭嶼而準備的。

她的父母都是虔誠的基督徒，讓她在信仰上有很好的根基。她畢業後當了老師，某次，一位同事介紹她看基督教「內地會」創辦人「戴德生牧師」（Rev. Hudson Taylor）的故事，讓她深受感動，內心燃起了一股火苗，希望將來也成為一位到外國去傳福音的宣教師。

為了達到這個心願，她毛遂自薦寫信給「內地會」，希望能派她去中國傳福音。但這個請求一直沒有被接受，因為她是單身女子，去中國傳福音可能比較危險。有一天，她突然想到一個變通的方法，就是到中國去教英文，透過這種方式養活自己，也可以利用機會傳福音。果然，這個想法讓她得到機會，在一九四七年，她如願到中國安徽省安慶大學教英文，她利用上課時間講聖經故事，獲得許多學生的喜歡，讓她很有成就感。

可惜不到兩年，中國政府驅離所有外國人，她也跟著離開，輾轉來到台灣的台南。她先在光華女中教書，在這段期間，她聽說台灣的蘭嶼地區還沒有宣教師去過，心中就存了一個想法。後來有一天，她在街上看見一群蘭嶼來的原住民，身上背著蘭花和土產在街上販賣。她跟他們交談之後，發現他們沒有人聽過福音的信息，使她更堅定要到蘭嶼傳福音的想法。

可是有理想，也要看現實的問題。她在光華女中教書，可以有收入養活自己，如果到蘭嶼去，她就沒有工作收入，那要怎樣辦？另一個問題是語言障礙，她知道戰後的原住民社會除了講母語，就是日本話，而她只會華語，其他都不會，這又要怎樣辦？

她知道這種事靠自己是永遠無法解決的，她開始將這個困境放在每天的祈禱中，也請遠在加拿大的弟妹們替她祈禱。後來，上帝果然垂聽了她的祈禱。她的弟弟和教會朋友知道她的需要後，主動成立了後援會，願意隨時提供各種幫助。同時，她寫了一封信給非常關心原住民的孫雅各牧師（也是她來台灣的保證人），信中請教孫牧師一個問題，就是：單身女子是否適合到原住民地區的蘭嶼去傳福音？

孫牧師的回答和內地會正好相反，他認為單身女子非常適合，反而是有家眷的人才不適合。這個回覆讓魏克琳信心大增，於是她辭去光華女中的教職，一九五五年在駱先春牧師的陪同下，搭船到蘭嶼去。

和達悟族人一起生活

蘭嶼的居民被稱為「達悟族」，共有六個部落，包括：紅頭、椰油、野銀、漁人、朗島、東清等。目前每個村子都有基督教會和天主教會的教堂。老一代的居民在日本統治下都是說日語和母語，年輕的小學生則是講華語和母語。

在魏克琳的看法裡，既然要在蘭嶼傳福音，就要跟蘭嶼的人一樣，過儉樸的生活。她住在椰油教會的禮拜堂裡，自備帳棚、行軍床、蚊帳，若是累了，打開行軍床、掛上蚊帳就睡。每天清晨都會有信徒到教會裡來祈禱，沒有人理她睡在教會裡，照樣大聲祈禱。有時信徒因為遇到問題、心裡不平安，還會到禮拜堂來睡覺。有一回，魏克琳回台灣辦理事情，回到蘭嶼時，竟發現椰油教會的信徒替她搭建了一間茅草屋子，將她所有的物品都搬進去，讓她可以不用睡在禮拜堂裡面，這使她非常開心，感受到達悟族人對她的愛。

在蘭嶼，魏克琳自己種菜、種蕃薯，若有回到台灣，也只採購生活必需品。她的生活方式幾乎和蘭嶼人完全相同：她和達悟族人一樣吃芋頭、蕃薯和魚，只有偶爾用煤油爐烤麵包。她也穿最簡單的服飾，直到穿破為止。有一次，她回台灣參加外國宣教師會議，她才在好友陪伴下去買幾件新衣服穿。

她是為了傳福音而來，因此，她經常走訪各村落，每到一個村落都會停留好幾天，晚上就住在信徒的茅草房子裡。後來，蘭嶼的信徒疼惜她，重新為她造了一間用石頭砌起來的新房子，比較堅固，可以抵擋颱風的襲擊。

剛開始傳福音時，總是會有許多嘲笑、排斥的事不斷發生，這在全世界都一樣。魏克琳曾說過一個簡單的例子，當她告訴蘭嶼人說：「上帝愛世人，甚至將祂的獨生愛子賜給世人，叫一切信祂的人不致滅亡，反得永生。」★這時候達悟族的男人就會笑著對彼此說：「好奇怪喔，神也會生孩子？」

但就像其他宣教師所遇到的情況一樣，比較容易接受福音的總是婦女和小孩。因此，魏克琳就用更多時間轉向這些人，向他們講述聖經的故事。她藉著教導婦女衛生常識，趁機跟她們學習達悟族的語言，然後將學到的語言整理出來，自己創造了文字。她採用的是小學教的「ㄅㄆㄇㄈ」拼音，再透過修改拼音的方式教導這些婦女知道怎樣閱讀。她會去探訪生病的婦女，也會在她們傷心時予以安慰，並幫助她們解決所遇到的困難。

蘭嶼的小孩也很喜歡她，因為他們可以直接用華語溝通，很多小孩一放學就來找她。也因為這樣，每天放學的時刻，她都會盡量留在家裡，等候孩子們到來，講聖經故事給他們聽，教這些小孩唱詩歌，以及許多基本的衛生常識，好減少他們遇到疾病與疼痛。

因為台灣的宣教師們都知道魏克琳獨自一人在蘭嶼工作，也知道當時蘭嶼沒有任何醫藥和衛生所，所以都會主動捐贈藥品，特別是台南新樓醫院的醫生和彰化基督教醫院的蘭大衛醫生等人，都會主動提供藥品給她，也教導她怎樣使用以及簡單的急救知識。因此，每次從台灣回到蘭嶼，她總是帶著一箱箱的藥品。

她的居所無形中就成為蘭嶼的小型醫護站，即使後來政府在蘭嶼設立衛生所，蘭嶼人還是喜歡到她的醫療站去尋求幫助，因為她不僅是給藥，還會帶領他們祈禱，懇求上帝賜福醫治。她每次出門傳福音時，都會隨身背一個背袋，裡面裝滿各種藥品，很像急救箱。她不是醫師，也沒有受過醫藥、護理的專業訓練，但若遇到有人病痛、跌倒或是不小心受傷，她都會給藥品服用，也會為他們敷藥，就像醫師一樣。

只能成功、不能失敗的手術

早期的蘭嶼人非常迷信。她說，她在一九六一年曾遇到一位懷雙胞胎的蘇太太，

★約翰福音3章16節。

認為雙胞胎是不祥的徵兆，必須犧牲其中一個，好增加母親和其中一位胎兒生存的機會。蘇先生得知自己太太懷了雙胞胎，就開始準備要將其中一個胎兒殺死。這件事被魏克琳知道了，她趕緊去跟蘇先生的家族開會討論，告訴他們絕對不可以這樣做，包括衛生所的助產士、護士都嚴厲警告他們，說那是「殺人」，千萬不可。

後來，因為魏克琳保證會照顧這對雙胞胎，才讓蘇先生家族勉強同意讓蘇太太生下來，而魏克琳也確實在這對雙胞胎出生後，每天都親自替嬰兒洗澡、換尿布，並且請求軍方提供食物，讓蘇先生的家庭不會因為有雙胞胎嬰兒而陷入食物短缺的困境。就這樣一年之後，這對雙胞胎越長越健康，才逐漸改變了達悟族人對雙胞胎的看法。

在蘭嶼的日子裡，魏克琳有過一段很特別的經驗，就是關於Menoyo女士的故事。她的腹部腫脹很大，大家都以為她懷有七到八個月的身孕。但她的先生很清楚她並沒有懷孕，很擔心她有什麼問題，便請求魏克琳幫忙看看。

那時，剛好有一位來自挪威、在屏東基督教醫院工作的傅德蘭醫師到蘭嶼巡迴醫療服務，魏克琳趕緊請傅醫師為Menoyo診治，結果是卵巢囊腫，並且建議盡快將Menoyo送到屏東基督教醫院動手術。Menoyo的先生聽到要去屏東，根本無法理解那到底是多遠，要開刀剖腹的消息一傳開，所有蘭嶼人都驚恐萬分，紛紛想像那和拿刀子殺人一樣恐怖，拒絕的聲浪不絕於耳。無論魏克琳或傅醫師怎樣勸，都無法獲得Menoyo和丈夫及親友的同意。

這樣一拖兩年，Menoyo的病況更加嚴重，連呼吸都有困難。這時候，剛好花蓮門諾醫院的醫療服務隊來蘭嶼進行義診。看見Menoyo的情況，提出趕緊送去花蓮動手術，並且承諾醫療費用全免，這時Menoyo一家人才勉強同意，因為他們發現Menoyo已經面臨死亡，希望透過治療使她還有存活的機會。魏克琳非常欣慰，答應陪同Menoyo到花蓮門諾醫院。

但是就在出發前，Menoyo的家人又聽了左鄰右舍的話，覺得還是不要去比較好，萬一沒有醫治好，反而死在醫院裡，她的靈魂就無法回到蘭嶼，她的家族也會被報應懲罰。

魏克琳很清楚，若是再次延遲，Menoyo必死無疑。但要排除這種來自傳統習俗的觀念，只有一個方法，就是透過祈禱向上帝祈求幫助。魏克琳帶領Menoyo全家族的人跪下來祈求天父看顧，帶領這趟醫治之旅順順利利。很奇妙的是，當他們祈禱後，Menoyo家族的人就不再反對了。

有時，我們聽到醫療費用全免已經是非常棒的優惠了，卻很少人會注意到單單是從蘭嶼搭船到台東，再轉火車到花蓮，這些交通費加上出院後在當地等待回診的住宿費，對蘭嶼人來說就是一件極大的負擔，根本不是Menoyo家族可以負擔得起的。但魏克琳二話不說，告訴Menoyo家人這些費用已經準備好了，叫他們不用擔心（其實就是她全部負擔起來）。

魏克琳清楚知道一件事：這次Menoyo去門諾醫院手術治療，只能成功，不能失敗。否則不僅是對Menoyo家族造成衝擊，對整個蘭嶼的宣教事工的影響更大，對蘭嶼的教會傷害也只會更大。她知道這件事若沒有上帝的帶領，所有的努力都會成空。為此，她要求蘭嶼的教會都要為Menoyo的手術祈禱，她也一直在祈禱中向上帝傾訴：這是一次「生命戰爭」，只有上帝才能幫助蘭嶼人打勝仗。

上帝果真垂聽了魏克琳和蘭嶼教會信徒們的祈禱，手術進行地非常順利，經過三個禮拜，Menoyo完全康復，在魏克琳的帶領下，平安返回蘭嶼，整個蘭嶼都四處相傳這是一件神蹟。

過去達悟人認為生病就是被惡靈纏身，經過這次Menoyo被順利醫治，達悟人也開始知道：只要有惡靈來纏身，就要趕快到基督教醫院去，將這惡靈「切除」掉。

翻譯達悟語聖經

魏克琳也發現，雖然福音傳到蘭嶼，也建立了教會，但因為沒有聖經可讀，又欠缺受過正規訓練的傳道者，蘭嶼信徒的信仰品質還是停留在表面上，無法深植在生命裡。因此，魏克琳到蘭嶼後不久，就開始思考翻譯聖經這件事。只有當達悟族人能用自己看得懂的文字讀聖經，才能逐漸將福音的信息深化在他們的生命裡。

要翻譯聖經，就需要學會達悟族人的語言，而達悟族人的語言是屬於「南島語系」，對抽象的事物無法用他們的語言表達出來，例如「靈」、「聖靈」等字詞，在達悟族語中就沒有適當的字詞可表達，所以後來在翻譯的時候，就用「偉大的力量」這個詞來表示，而類似這樣的問題很多。因此，雖然她有心要翻譯聖經，但每當想到這些問題，她總覺得困難甚多，但她還是謹記一個原則：萬事遇到困難，想要化解，就從祈禱開始。

她原本是用「羅馬拼音」來翻譯，後來她決定仿效其他宣教師的做法，將「ㄅㄆㄇㄈ」的拼音加以改造，讓達悟族人可以順利用母語讀聖經。她先完成一本《語音初階讀本》，教導達悟族人怎樣拼音，然後逐漸將新約聖經一章章翻譯出來。

為了這件事，她曾在一九六〇年寫給母親的信中這樣說：

有一晚下大雨，因此只有三個人來參加週間聚會。我提議取消當天聚會，改成讀初階讀本。他們相當開心，因為這是他們第一次接觸到這些讀本。他們是如此興奮，竟然可以將自己的族語用文字讀出來，他們一讀再讀，一個晚上就將三本讀本的二十頁內容全都讀完了。

我有點傷心，好幾年辛苦創作出的讀本，他們只用一個晚上就讀完了。然而我應該感到開心，似乎我越努力寫出讀本，他們就能越容易閱讀⋯⋯

從一九六一年底開始，魏克琳決定開始翻譯聖經，她從新約聖經的〈馬可福音〉（馬爾谷福音）開始，來幫助達悟族人瞭解耶穌的生平和教導、他的死去與復活，以及他對門徒呼召的大使命。

但翻譯聖經還有一大困難，就是達悟語的文法問題。她尋求族人協助，也積極參與其他翻譯各族族語聖經的宣教師的定期聚會，甚至親自到菲律賓，去請教和達悟族語相近語言聖經翻譯的宣教師。她投入了無數的精力和時間，一次又一次提出她所翻譯的版本讓聖經公會審核校對，一次又一次被打回票。

負責審核校對的人告訴她，必須更深入瞭解達悟語的結構，才可能翻譯出一本值得出版的聖經。因此她不斷地學習、錄音、記下自己日常聽到的達悟語，回到家中將文句拆解、分析，再請族人幫忙解釋這些語句的用法。從這裡就可清楚看到翻譯聖經是一件繁複費工的過程，而且只有她自己一個人埋頭苦幹。而使她堅持下去的意志，是因為她堅信這是上帝給她的使命，她就全心全力來進行。

經過了多年的努力，逐漸結出果實。一九六九年，聖經公會首次用她翻譯的版本，出版《達悟語馬可福音》和《聖經故事集》。一九八〇年三月，在台北雙連教會的資助下，出版了她翻譯的《馬可福音》、《使徒行傳》（宗徒大事錄）和《雅各書》（雅各伯書）。然而，最讓她感到遺憾的，是她曾提出保羅（保祿）書信中的《加拉太書》（迦拉達書）給聖經公會審查，卻因聖經公會沒有足夠經費來進行，更沒有能力出版，最後被徹底封殺。

這個重大打擊幾乎使她萬念俱灰，很想結束這件困難的工作，但她想到她是上帝所揀選的福音僕人，也是唯一投入達悟語聖經翻譯工作的人，在還沒有其他人接手之前，她不能輕易放棄。

一九八〇年，魏克琳的身體狀況越來越差，有一天，她找來三位熟識的傳道師，對他們說：

我已經老了，而且病了幾個禮拜，蒙召回天家的時間快接近了，所以找你們來我家，告訴你們我已決心要死在蘭嶼，跟達悟人一起埋在蘭嶼的土地上，我不回國死在我的國家。我已經預備了木板和繩子，當我的氣斷了，你們可以把我用被單包起來，然後用繩子綑綁，把我放在板子上送我到墓地埋葬。現在我要以〈約翰福音〉十三章三十四節「你們要彼此相愛，你們如有相愛的心，眾人就認識上帝」這段經文跟你們一起勉勵分享。

然而上帝另有安排，同年九月，魏克琳的兩個妹妹收到她的信，特地從加拿大來到蘭嶼，將魏克琳帶回加拿大。回到加拿大後，她住在卑詩省的亞博斯福（Abbotsford, British Columbia）教會為退休宣教師所蓋的一棟公寓中，風景相當優美。魏克琳說這是她住過最美麗的地方。一九八三年五月，為她立傳的梅洛斯女士（Mary Mellows）來到此處拜訪她，有這樣的描述：

一九八三年五月我最後一次來探望她。我們一起站在大窗前，遙望遠處的落磯山。群山在遠處高高聳立，十分雄偉壯觀。我轉身想跟她表達我心中的敬畏之情，但發現她並不是在看我所看見的。她看見的是在台灣東南外海的小島，那兒有一小群基督徒，透過主耶穌的寶血，努力將拯救的福音傳給他們的族人親戚朋友。她的身體雖在加拿大，既老又衰；但她的心仍然活躍，一直與蘭嶼的族人同在。每天她都為她所栽培、並深愛如手足的蘭嶼達悟族人禱告，持續不懈。

一九八五年十月七日，魏克琳卸下一生勞苦重擔，安息主懷，享年七十六歲。她一生奉獻在蘭嶼，給達悟族人的愛，很值得我們懷念。

＊本文資料由台東基督教醫院劉漢鼎醫師提供。

05 改變農民生活的大恩人——八田與一工程師

日本統治台灣有大約五十年的時間，在這段期間，若是要說不好的事，確實是一大堆，否則不會發生一九〇六年太魯閣族人殺死日本二十五名商社職員的事件，以及一九三〇年的「霧社事件」，其他像這樣的事件更是不勝枚舉。

但說到日本對台灣所做、值得一書的事，也確實不少，別的不說，單說烏山頭水庫，就很值得我們充滿懷念。因為這座水庫建造完成，才使嘉南地區成為台灣的「糧倉」，而建造這座水庫的工程師，就是來自日本的八田與一先生。

八田與一在一八八六年出生於日本石川縣金澤市，父親是富農，有三個哥哥。一九〇七年，他進入東京帝國大學工學部土木工學科就讀，受到老師廣井勇（被稱為「日本港灣工程之父」）的影響與鼓舞，在一九一〇年畢業後就來到臺灣，在總督府土木局擔任技術人員，參與土木工程建設。之後他升任為總督府技師，參與了台南水道計畫及嘉義和高雄等地上下水道工程。

在一九一七年八月十四日，他與當時年僅十六歲的米村外代樹小姐結婚。他透過媒人談親事的時候，只有一個條件：**願意跟我到台灣去**。就是這麼簡單，卻隱藏著很深的含意——沒有日本人尊貴、台灣人卑賤的既定觀念。年紀輕輕的米村外代樹小姐也沒有任何疑問，隨即說「好」，於是他們在日本結婚後，就返回台灣定居。

在還沒有烏山頭水庫（也就是所謂的「嘉南大圳」）之前，嘉南平原的氣候特色就是雨量少，日照的時間很長，因此，當地農民都會說他們的田地就是「看天田」。再加上沒有良好的灌溉系統，可耕種的農作物種類受限很多。

當時嘉南平原的土地生產力，最多也只有台北、宜蘭、台中彰化等地區的一半而已。加上每年七、八月颱風季節經常有水患問題出現，沿海地區的土質所含鹽分又偏高，對稻作耕種更是困難。

為了改善並發展嘉南地區的農業，八田與一在桃園大圳的設計工作告一段落後，隨即受到總督府的差派，開始調查在嘉南平原興建大型水庫的可能性。為了確認這點，八田與一開始研究世界土木專家的論文和先進國家興建大壩的工法。

「八田水壩」誕生

其實，在建造這件工程之前，嘉南平原地區的人民多數是反對的，而持反對意見的幾乎都是地主，原因很簡單，因為日本政府認為建造嘉南大圳的經費相當龐大，若全部從政府撥款，對日本正積極進行的軍事整備會有影響，因此想要縮減預算。為此，管理嘉南地區的日本廳長就發動農民聯名簽署，表示願意負擔部分築壩的經費，許多地主認為這會加重他們的負擔，因為過去中國官員每當說要建造工程，就是要他們出錢，結果工程常常拖延沒有建造，錢是被中國官員貪污去了。

但他們反對的更重要原因，是水庫完成、有水灌溉之後，為了適應水稻種植，田地就需要重整，這可要花掉一大筆經費，加上為了要築灌溉溝渠也會徵收大片土地，地主認為損失更重，這三項加起來都很不合算，因此，他們都採取反對或消極的態度。幸好日本地方官員、廳長，都盡力說服他們，並提出保證，大壩完成後他們受益的必定比現在更多（坦白說，這些日本官員大多是語帶威脅的方式），才讓地主按下指紋，表示同意捐錢。

此外，當時的水利會或工程承包業者，都拒絕接納八田與一建議的採用大型機械來進行這項築壩工程，但根據他的評估，若是單靠人力來建造這水庫大壩，即使耗用二十年以上的時間也無法完成。因此他很用心地一一遊說，後來才說服大家同意，終於在一九二〇年九月一日開工建造。

一九二二年，八田與一特地帶兩位技師一起到美國、加拿大、墨西哥等國，並且回到日本實地調查，為期八個月。一九二四年，又邀請美國土石水壩的專家查士汀博士（Joel D. Justin）來現場作調查指導。幾經思考後，八田與一決定採用他個人自創的「半水力沖淤式土壩施工法」（Semi-hydraulic Fill Method）興建大壩；等這座水庫完成後，將是亞洲當時唯一的一座溼式堤偃水庫，也是目前世界僅存的半水式沖淤土石壩結構，也因此，美國土木工程師學會還特別將烏山頭水庫的大壩命名為「八田水壩」（HATTA DAM），並在學會期刊上向全世界介紹。

他採用自美國與德國購入的大型土木機械，讓當時的台灣走在日本之前，也是創亞洲之先。也因為這些大型機具的運作，僅用七年時間就完成長達三千多公尺、貫穿烏山嶺的引水隧道，是當時世界僅有的工程創舉。最後，嘉南大圳終於在一九三〇年四月十日竣工，前後僅用十年時間，比原定時間提早了十五年。

這座當時全亞洲地區規模與技術第一的水利工程設施，終於順利通水使用，也使得原本乾旱、無法種植水稻蔬果的嘉南地區，變成了台灣盛產農作物的最佳地區。

艱鉅的工程，往往要花費許多精神，且會考驗一個人的智慧和毅力。當初，八田與一提出建造烏山頭水庫時，才三十二歲而已，這麼年輕的他，所創造出來的成果，比原先日本總督府所想像的要多出非常多，而讓他獲得日本政府支持的原因，並不只是憑他所講的願景，而是因為他過去優秀的工作表現。

早在一九一〇年他抵達台灣之後，就參與過台北下水道興建工程、高雄港興建工程、台南山上淨水場、日月潭水力發電所的建造，而最特別的是桃園大圳的建設，可說是他最重要的代表作，光是灌溉面積就達三萬五千公頃，這是他當時最傑出的表現。因此，當日本政府問他在這原本幾近荒涼之地的嘉南平原，要完成多大灌溉面積時，他提出的是比桃園大圳還要大五倍多，也就是可灌溉十五萬公頃，這讓當時日本總督府認為是不可能的事，因此有意用預算不足來改變他的想法。原因很簡單，當時連日本都沒有如此龐大的水利工程，怎能讓殖民地的台灣先有呢？

可以想像得到，這不是五倍面積而已，而是更複雜的灌溉渠道、人力、人才等等都要配合才有辦法。但八田與一說自己出身農家，深知農民在貧困中的痛苦，因此，他認為必須讓嘉南地區十五萬公頃的土地全部都有機會喝到水，才能改變當地農民的困境。若農民生活可以改善，社會就會穩定，比起用軍隊、警察所耗費的人力精力都要節省得多。你們看，他不是統治者，是個工程師，但他所想到的卻是一個領導者應該有的遠見和高度。即使在如今的台灣，受過現代化高等教育的人這麼多，擁有像他這種遠見和胸襟的人，卻是鳳毛麟爪。

波折不斷的紀念銅像

當工程完工後，嘉南地區的農民為了感念八田與一的貢獻，就派出代表去見他，請求他准許他們在烏山頭大壩附近為他建造一座紀念銅像。但八田與一卻拒絕了，無論這些農民怎麼說，他都一再反對。後來是這些農民苦苦哀求，最後還勞動地方廳長、官員們協助遊說，八田與一才勉強同意，但他提出兩個條件：

第一，必須先建造一座四方形的紀念碑，名為「殉工碑」，其中三面都要刻著一百三十四名殉工者的姓名，石碑正面的下方刻有八田與一親自撰寫的感謝碑文，不分日本人和台灣人，只依照殉職的時間、職稱排列。

第二，在「殉工碑」完成之後，才可以著手製造他的銅像。但這座銅像絕不可以是站立的，而是讓他坐在這塊土地上，因為這裡就像孕育他成長的母親一樣甜美。我們由此可以看出，他是這樣子在看待台灣這塊土地。

聽到八田與一同意建造紀念銅像，這些農民歡喜地回應說：「只要你同意，任何條件我們都可以接受。」

就這樣，一九三一年七月八日，八田與一的銅像鑄造完成，就放置在大壩的堤岸上，看起來就像是他坐在大壩上一樣。

之後，在一九四二年三月，八田與一接到日本政府的調派，去菲律賓進行水利工程的工作。他在四月離開台北，從基隆搭船回日本東京報到。因為日本發動大東亞戰爭的關係，他的家庭就受到總督府的保護。然後在同年五月四日，他從東京抵達廣島的宇品港口，和其他軍隊成員搭乘大型客船「大洋丸輪」出發，同行的還有一千多名專門技術人員。但才航行了四天，船被美國的潛水艇擊沉，八田與一也因此喪生海中。消息傳回台北，他的妻子相當悲傷。他的遺體在六月十日被發現，二十一日骨灰送到台北，安葬在烏山頭水庫大壩的附近。

戰爭越來越嚴重，台北成為美軍轟炸的地方。疏散到鄉下，是當時都市民眾避難的方式。一九四五年四月，他的妻子外代樹女士帶著孩子回到烏山頭避難。同年九月一日，也就是日本宣佈戰敗後的兩個禮拜，外代樹女士利用夜間孩子們熟睡時，穿上整齊的和服，從烏山頭水庫的大壩出水口跳下自殺身亡，享年才四十五歲。那時的水庫管理人員找到她的遺體，將之火化，將一部分骨灰和丈夫八田與一合葬在同處，其餘的帶回日本。

日本發動太平洋戰爭後，因為戰況吃緊，物資嚴重缺乏，為了補足軍用品之需，規定所有銅像都必須繳給政府製成軍用品。但非常奇怪的，就是在這一年，八田與一的銅像卻憑空消失了。

其實，是嘉南水利會的農民將之「隱藏」起來，放在台南隆田火車站的倉庫裡。即使這些農民保密到家，還是被政府發現了，後來他們又想辦法向政府官員「買回」這座銅像，藏在過去八田與一住的烏山頭水庫的宿舍裡。

戰後的一九七二年，蔣經國當行政院長時，嘉南水利會行文至行政院，說嘉南水利會的農民很懷念八田與一，想要自己出錢鑄造一尊小小的銅像放在地上，但收到的回文是「不准」。在一九七八年，嘉南水利會再次提出申請，但等了很久依舊沒有下文，這讓嘉南農民們相當失望。所以他們想到一個方法，就是先將銅像鑄造一個母模放著，經過三年，嘉南農民決定不管三七二十一，硬將銅像安置在有三個階梯的基座上，他們的想法是，萬一這座八田與一的銅像被政府拆掉，至少他們還有母模，以後有需要時可以重新複製一個。於是，這座銅像就這樣安置了下來。

時至目前，每年五月八日，也就是他的逝世紀念日，八田與一在日本的家屬，台北、高雄等地日僑學校的師生，許多日本民間團體以及嘉南地區的農民、民眾，都會以懷念和感恩的心去獻花、鞠躬。想想看，他所建造的烏山頭水庫，到現在已經有八十八年的時間，這座水庫仍然是全台灣最好的水庫，經過九二一大地震、八八風災，依然屹立不搖。從此就可看出八田與一的貢獻有多麼重要。

水，是所有生物的基本要素。其實上帝對台灣很照顧，台灣的降雨量是全球年平均的二．六倍，但因為各種因素，台灣仍然在全球缺水國排行榜的二十名之內。政府若是有智慧，就會知道沒有什麼事比水更重要。我們要珍惜上帝賞賜給我們的特殊恩典——豐富的雨水。將這份恩典保存下來，是一個明智政府要努力的目標，也是全國人民要學習的功課。

06

澎湖人永遠的生命記憶——白寶珠阿嬤

只要是澎湖人，幾乎都會認識白寶珠，就算不認識，也會聽說過。年少的稱呼她「白阿嬤」，中年的稱呼她「白阿姨」，年長的稱呼她「白姑娘」，大家會這麼親暱地稱呼她，是因為她從一九五五年開始在澎湖投入痲瘋病醫療工作，直到二〇〇八年四月八日安息回天家，總共在澎湖居住長達五十四年時間，將她的一生奉獻給澎湖人，只為了要根絕澎湖的痲瘋病，而她做到了。

白寶珠（Marjorie Ingeleiv Bly）是美國信義會派到台灣來的宣教師，她是個受過專業護理訓練的護士，在一九五二年十一月十七日搭船來到台灣。

一開始，她有兩年時間在馬偕醫院和樂生療養院工作，也會去樂山療養院照顧痲瘋病人。在三處院所服務時，她接觸到不少來自澎湖的病人，有的病情非常嚴重。她看到這些病人必須遠渡大海，又要那麼辛苦地從高雄搭火車才能上台北來，就動了慈悲的心，決定不要讓病人這樣舟車勞頓地來台北就醫，寧願自己去澎湖幫助他們。因此，就在一九五五年，她從高雄搭船去澎湖，開始她對痲瘋病人的醫療服務。

那時她三十六歲，許多人對她這個決定感到相當驚訝，因為那是她完全陌生的地方，而且那年代的澎湖醫療資源非常貧乏，不像台北，有許多外籍宣教師和各種資源可運用。但誰也沒有想到，她過去澎湖之後，一住下去竟然就是一輩子。

當時台灣人對醫藥衛生的常識認知不足，大家一聽到「痲瘋病」就恐懼不安，甚至台灣還拍過三次與「痲瘋女」相關的影片，內容對痲瘋病的認知可說是錯誤百出，更加深了澎湖人對痲瘋病的恐懼。因此，每當白寶珠帶著助手去探訪病人，病人只要看見她來，就會趕緊叫家裡的人往後門溜走，沒有人敢或想要接觸到她，因為澎湖人的想法是，她是專門照顧痲瘋病人的人，身上很可能帶有痲瘋病菌。還有，他們怕被鄰居發現家裡有痲瘋病人，這會導致這個家庭被親人或左鄰右舍的人排擠。

有的人為了拒絕她去探訪，還會向她潑糞便，好阻止她經過門口或進入屋內。有的澎湖人還會認為：有痲瘋病人的家煮飯時從煙囪飛出來的煙，也會帶著痲瘋細菌。曾經有一個家裡有痲瘋病人的家庭煮飯，煙從煙囪飄出來，結果整個村落的人都跑光光。

痲瘋病菌不敢吃她

因為對痲瘋病的未知恐懼，每當有病人去世，家屬都會靜悄悄地將去世的親人包裹起來，利用夜深人靜的時候，偷偷地帶去墓園埋葬。白寶珠為了要排除澎湖人對痲瘋病的恐懼，她甚至會去病逝的病人家裡，親自替去世的病人擦拭身體、換穿衣服、處理後事，讓許多人因此感到震驚不已，漸漸地傳出風聲：「白姑娘很厲害，痲瘋病菌不敢吃她。」也因為這樣，她慢慢地改變了澎湖人拒絕、排斥她的態度，越來越多的民眾接納她，也歡迎她去家裡聊天，聽她說些他們從來沒有聽過的有關醫藥衛生的「故事」。

其實，不僅是澎湖，早期人類社會對痲瘋病也是非常害怕，聖經時代的人甚至說那是「天譴病」，這和摩西（梅瑟）的姊姊美莉安（米黎盎）被上帝用痲瘋病來懲罰，有很大的關係。★後來摩西法律就規定，被鑑定出確實是患了痲瘋病的人，必須從社區裡隔離出來，不能和大家住在一起，而且痲瘋病人只要遇見人，就要大聲喊叫

★民數記（戶籍紀）12章。

自己有痲瘋病，好讓其他人趕緊避開。而在台灣，一開始這種病不叫「痲瘋病」，而是「癩病」，表示骯髒之意。由於這種病往往造成神經末稍壞死而導致皮膚潰爛，因此，看見的人都會認為那是不乾淨才會有的現象。

白寶珠很清楚台灣人非常害怕這種疾病，本島的人都如此，更不用說澎湖和所有離島的居民了。她到了澎湖之後，發覺澎湖和台灣本島有個極大的差異，就是澎湖人口少，加上空氣又好，這讓她有了一個想法，認為不用像本島一貫的做法那樣，將痲瘋病人隔離出來，而是不需要隔離，只需要在家裡治療即可。

她曾在巴西里約熱內盧召開的「世界痲瘋醫療會議」報告這種醫療方式，還被諷刺是在替國民黨政府作宣傳。後來世界衛生組織特地派遣觀察小組到台灣來考察，許多外國專家看見白寶珠在澎湖所做的痲瘋病防治、醫療情況後，都深受感動，更驚訝她走在世界的尖端，因為這些外國來的醫療專家發現，澎湖不但不需要將痲瘋病人隔離出來，還有護理人員親自送藥到病人家裡，並替病人換藥，又關心病人的家計生活，這簡直是全世界最先進也是最人道的治療方式。因此，他們給白寶珠的評語是：**這是最完美的醫療和護理工作**，而這就是她所做的奉獻。

其實，不僅是在痲瘋病的防治和治療上有獨到的護理方式，她在一般護理工作方面也是很特別。台大護理部的榮譽教授余玉眉女士特別為白寶珠出了一本護理人員必讀的參考書《台灣推動進階護理的典範白寶珠女士》，希望這一代的護理人員都能跟著她學習。

不只要醫治病人，還要醫治社會

此外，白寶珠是個很虔誠的基督徒，她說，每當她閱讀〈馬可福音〉中的一段記載，心中就充滿了力量。這段經文描述耶穌醫治一位來尋求醫治的痲瘋病人，眾人看見這個痲瘋病人跑過來，都嚇死了，有人還用很不好的話咒罵這個痲瘋病人，也有人拿石頭丟他，讓耶穌看了非常生氣。但這個痲瘋病人並不因此而畏懼，而是冒著生命危險一直跑到耶穌跟前，然後跪在耶穌腳邊，對耶穌說：「只要你肯，你能夠使我潔淨。」★

耶穌看見這個痲瘋病人排除萬難地跑到他面前，跪下祈求醫治，他就生出憐憫的

★馬可福音1章44－45節。

心，伸出手來摸這個人，並且對他說：「我肯，你潔淨吧！」

就這樣，這個人的痲瘋病痊癒了。然後耶穌要這個人把身體去給祭司檢驗，這種檢驗的祭司就如同我們今天的法醫一樣，要證明痲瘋病人已經醫好，才可以回到社區去居住。我們不要小看耶穌這樣的動作，因為當時的人看見耶穌沒有跑掉，還伸手摸這個痲瘋病人時，心裡一定受到相當大的震撼，因為這已經違背了摩西法律的規定。

白寶珠就是在學習耶穌這種照顧痲瘋病人的方式，她不但去痲瘋病人的家，也跟病人一起用餐、聊天，聽他們生病後遇到苦難的生命經歷，這些都更加堅定她要把一生都投入在痲瘋病醫治工作上的決心，就像耶穌所說的這段話：

一粒麥子不落在地裡，死了，仍舊是一粒；如果死了，就結出許多子粒來。那愛惜自己生命的，要喪失生命；願意犧牲自己在這世上的生命的，反而要保存這生命到永生。★

白寶珠決定要將耶穌的話給實踐出來。這時她第一個想到的，就是要怎樣對待這些痲瘋病人？她很清楚一件事：痲瘋病會如此令人恐懼，是因為眾人對痲瘋病的認識不夠。所以她認為，不只是要醫治病人，還要醫治澎湖的社會，只有大家都認識到痲瘋病並不是那樣可怕的病症，也不會傳染，才能使痲瘋病人真正從痛苦中解放出來。

但要怎樣教育澎湖人？這就是一個問題。要改變大人的觀念並不容易，因為大人已經有根深柢固的觀念了，但若從小孩子開始改變，或許會比較快。於是，她走遍了澎湖所有的島嶼，走訪所有的中、小學，告訴學生們怎樣發現痲瘋病、怎樣幫助病人就醫，她深信這些學生的父母，會聽有去讀書的小孩所說的話。

她不僅走訪了所有的病人和家庭，沒有一個遺漏，更令人感動的是：當她發現病人的家裡生活有困難，她就會設法給予幫助。她會買小豬、小雞、小火雞、小鴨、小鵝等家禽給病人飼養。她說很多病人不敢就醫的主要原因，通常和拮据的經濟生活有關。因此，當小豬、小雞漸漸長大，繁衍更多時，病人就可以拿到市場去賣，有了收入，也可改善家庭經濟生活，就醫就更容易了。另外，她也向基督教福利機構申請救濟物資，例如奶粉、奶油等等，然後將這些直接送去痲瘋病人的家，幫助他們獲得足夠的營養改善身體。

★約翰福音12章24－25節。

為了保護病人不被他人看見，白寶珠也要求政府設立的澎湖醫院必須設置「特別皮膚科」，但這「皮膚科」的門診和掛號通道，都要跟一般科別區隔出來。也因為如此，她往往要和新上任的院長吵架，甚至每當新的院長上任，前任院長都會提醒新院長，說她「是個很麻煩的人物，要小心應付」。即使如此，白寶珠始終這樣堅持，為的就是要保護病人。直到她去世，都沒有讓任何一個病人的病歷洩露出來。

不要將我的身體帶離澎湖

前面有提過，為了幫助澎湖人對痲瘋病有正確的認識，白寶珠走訪了澎湖所有的中、小學，她告訴學生一起幫忙將痲瘋病從澎湖掃除滅絕。因為有教育孩子，而這些小孩會回去幫助父母認識痲瘋病，這樣一來，除了已經感染的痲瘋病人外，新的病例就會因為及早發現且有治療而越來越少，因為家裡有孩子會知道怎樣防範和提早發現病人而勸年長者接受治療。

就這樣，二〇〇四年，當澎湖不再出現痲瘋病例時，白寶珠高興到不行，特別舉辦了一次小型的慶典，並且將澎湖醫院的三間特殊門診鑰匙交還給醫院。同時，她做了一件令所有人深受感動的事，就是將所有病人的病例都燒毀，為的就是不讓任何人看見或知道誰曾是痲瘋病人。

她在美國的弟弟知道她已經完成在澎湖的醫療奉獻工作，也不再有痲瘋病人了，便一直催促她回美國去，也設法透過美國在台協會（AIT）官員幫忙這件事，但都被她拒絕。她趁著自己思路還很清楚時，立下遺書表示：自己是澎湖人。因此，要求在她死後，不要將她的身體帶離澎湖，並且要將她身邊還可以用的所有東西都送給澎湖人。她去世的時候，身上只剩下二萬多元台幣而已，因為她將所有退休金都用來買藥品、食物、家禽等用品，幫助那些貧困的痲瘋病人和家庭。

二〇〇六年二月，當時的陳水扁總統知道白寶珠的事情後，就帶衛生署署長等人專程去澎湖探望她，交代衛生署要好好照顧她晚年的所有醫療和生活之需。然後在二〇〇七年，陳總統帶著當時的內政部長李逸洋先生再去一趟，特別交代要在各方面妥善照顧白姑娘，並且在澎湖醫院頒授紫色大綬景星勳章給白寶珠，感謝她對澎湖的辛勞和貢獻。

二〇〇七年四月八日下午五點十分，她在睡眠中安息回到天家，享年八十八歲。她在遺書上說，她非常喜歡這一段聖經的經文：

上帝說：
我從天涯海角把你帶來；我從遙遠的角落呼喚你。
我對你說：你是我的僕人。我沒有遺棄你，我揀選了你。
不要怕，我與你同在；我是你的上帝，你還怕什麼呢？
我要使你堅強，要幫助你；我要保護你，要拯救你。★

她曾經說過，就是因為這段經文，使她投入澎湖的痲瘋病醫療工作，每當她遇到困難，她就祈求上帝幫助她、堅定她的信心。她認為，既然這是上帝給她的使命，她無論如何都必須達成。既然上帝召喚她這麼做，她就不必害怕。因此，當澎湖的痲瘋病終於終結之後，她感謝上帝，讓她可以完成這個使命。

無法忘懷的真誠之愛

白寶珠留給台灣人的，是永遠的生命記憶，而這份美好的記憶不是用強權、勢力，或是金錢可以換取得到的。對台灣人，特別是對澎湖人來說，那是生命中永遠無法忘懷的真誠之愛。

如今，在澎湖的春暉公園裡有一座紀念白寶珠的雕像，非常美。雕像是白色的，而白寶珠是坐著的，在她的雙腿上抱著病人。這座雕像非常像在德法邊界「史特勞斯堡」（Strasbourg）「歐洲議會」第二總部前面，有一座用來紀念第一次世界大戰的紀念碑，也是白色的，是一位母親的膝蓋上躺著兩個因為戰爭而即將死去的兒子，一個是為德國打仗受傷，另一個是為法國打仗而受創，但在即將死去之前，母親的雙手將兩個兄弟緊緊抱在一起。在白寶珠的雕像背後，有一大片彩繪圖，寫著她奉獻一生給澎湖的故事。

如果你有機會去澎湖，可以順手買一束鮮花，到她的雕像前去獻花，並敬個禮。若是帶小孩子去，也可以說說這些簡單的故事給孩子們聽。台灣長老教會總會有出版過一本《澎湖阿嬤白寶珠》的兒童繪本，是一本非常好的繪本，也有英文版。不僅小孩子讀得津津有味，連大人讀起來都會深受感動，原來在台灣有這麼愛惜痲瘋病人的外國人。

★以賽亞書（依撒意亞）41章9-10節。

有一年，台北東門長老教會舉辦「暑假兒童營」，介紹聖經中耶穌怎樣關心和醫治痲瘋病人的故事，接下來便帶領所有小朋友認識在澎湖的這位「白阿嬤」，她怎樣將耶穌疼愛痲瘋病人的行動運用在澎湖這個地方。東門長老教會還特地為她的故事寫了一首教小朋友唱的詩歌，好加強他們對這個故事的印象。

讓我印象最為深刻的一幕，是當天放學的時候，有一位父親開車來接兩個小孩，我送這兩個讀國小的孩子過去，當這位父親打開車門要讓孩子進去時，可愛又靈巧的女兒就等不及地開口問說：「爸爸，你知道澎湖有一個白寶珠阿嬤嗎？」她父親回答說：「那是誰？」小女孩說：「就是人家都稱呼她白姑娘的白寶珠阿嬤啊！」這位父親說：「沒有聽說過耶。」小女孩竟然回答他說：「你很笨耶，連這麼出名的白阿嬤也不知道！」

這個小女孩的回話讓我當場愣住了，而這位父親的手卻一直放在車門的門把上，等他回神過來，便問我說：「牧師，這是今天教小孩子的故事吧？」我回答說：「是。」於是他笑了笑，道聲「謝謝牧師」就開車回家。約一個小時後，這位家長就打電話來問說：「牧師，你們明天要講什麼故事？能不能先告訴我，好讓我先準備一下，以免又被小孩說我『很笨』，昨天已經被孩子說過一次了，今天是第二次，我不希望明天有第三次。」

不只是白寶珠，其實在台灣，這一百五十多年來，從過去到現在，一直都有許多外國宣教師用他們的生命疼愛著台灣這塊土地，以及居住在這塊土地上的所有人。他們的愛，確實很值得我們感念，值得我們用心來學習，也應該當作歷史教材來教導我們的孩子紀念他們，謝謝他們。

07

布農族的福音開拓者——胡文池牧師

在日本統治台灣的時代，為了要將原住民全部「國教化」，日本政府很有計畫地在原住民部落推動「神道」的宗教信仰，為了達到目標，嚴厲禁止任何宗教和傳道者進入原住民部落，也不准原住民下山時，將不同於「神道」的信仰帶回部落，若有原住民被發現信了其它宗教，就會被逮捕入獄，強迫他放棄信仰。

直到第二次大戰結束後，情況有了改變。雖然國民黨政府仍舊將山地列為管制區，但沒有限制宗教師入山去傳教。因此，長老教會、天主教會都派宣教師進入山地原住民部落去傳福音。

一九四七年夏天，原本在大甲教會牧會的胡文池牧師，去淡水參加長老教會召開的傳道師大會。會後，胡文池牧師受到孫雅各牧師的託付，希望他能到布農族部落去傳福音。他們都知道這條路並不好走，但胡文池牧師當場就表示他願意到布農族山地的部落去傳福音。那年胡牧師三十七歲，他的妻子葉寶玉二十九歲，而他們的五個兒女分別是兩歲到十歲不等。

胡牧師的親友和大甲教會的會友聽到之後，全都反對，認為到原住民社區傳福音很危險，大家都誤以為原住民還會隨便殺人。但胡牧師心志堅決，還要母親和所有親友替他和他的家庭祈禱，他相信原住民在日本五十年的統治下，已經不會再發生這種殺人事件了。

其實，胡牧師會接受的主要原因，是他小時候的一次生命轉折。一九一〇年四月二十八日出生在台北新莊市的胡牧師，小時候體弱多病，二歲時就罹患肺部積膿症，當時患這種病的小孩存活率不高。由於家裡從祖父開始就已經信了耶穌，他父親每天都在他的病床邊向上帝祈禱說：「主啊！這嬰兒若得到祢的醫治，我願將他奉獻給祢。」說也奇妙，過了一段日子之後，小胡牧師的身體竟然就這樣逐漸好轉起來。此後，他的父母會經常提醒他，說他的命是上帝賞賜的，一定要獻給上帝。

在他十三歲那年，他又罹患慢性大腸炎，那時候沒有抗生素、消炎劑等藥物，造成他難以吃下食物，身體相當虛弱。那時，他也是用父親帶領他祈禱的話，向上帝許願說：「若能得到祢的醫治，無論在哪裡，我一定會全心全力投入傳福音的工作。」從此之後，他每天祈禱都會說這句「只要上帝賜我健康的身體，我就全心投入傳福音」，提醒自己要把生命獻給上帝，當福音的僕人。

後來他進入淡江中學讀書，在學校學到一句很受用的語：「早睡早起，是通往健康、富有和智慧之路。」從那時開始，胡牧師每天早上都是五點起床，祈禱、靈修之後，就去用冷水擦拭身體，一直擦到身體發熱為止。就這樣，他的身體逐漸強壯起來，終於可以抵抗寒冷的天氣，他說直到他年老，無論是多冷的天氣，他都是用這種方式洗澡。後來他才想到，原來這也是上帝要他去山區部落傳福音、為他所做的準備。

獨力完成布農族語聖經

確定要去布農族部落傳福音後，胡牧師整理好家當，帶著妻小出發。但沒想到，這段旅程竟然出乎意料地艱辛曲折：他們先搭乘火車到基隆，再轉到蘇澳，卻因為颱風剛剛掃過東台灣，要去花蓮的蘇花公路已經無法通行，於是他帶著全家從南方澳搭漁船到花蓮，結果全家大小都因暈船而吐到臉色蒼白，紛紛倒在船板上。好不容易經過八小時的航行抵達花蓮，才知道花東鐵路也因為鐵路橋斷了，鐵路不通，他們只好在花蓮等候，等了一個月的時間。

胡牧師心想，這樣等下去也不是辦法。他要去的地方在關山，所以他四處去打聽，看看有什麼方法可以到達那裡。終於，他問到有一部大卡車要到鳳林，跟關山是同一個方向，他就跟卡車司機約好，他先買一台老舊的「乳母車」，再買一些木板改裝成「木廂車」，將他兩歲、四歲、六歲的孩子放在「木廂車」裡，讓大卡車一路拖著走。到了鳳林後，沒有大卡車幫忙了，胡牧師自己拉著「木廂車」，他妻子牽著十二歲和九歲的兒女用走的，就這樣繼續朝關山前進。每走過一個村莊，都有很多人跑出來看，有的人嘲笑，也有人會拿飲水或食物給他們。這一趟下來，他們足足走了三天的路，好不容易才走到了關山鎮。

每當想起胡牧師夫婦是用這樣的方式到達台東關山，再從這裡進入海端鄉的原住民部落去傳福音，我都只能感佩萬分，覺得自己汗顏到極點。

布農族的活動力非常強，可以說整個玉山山脈都是布農族的活動區，是個很強悍的族群。「布農」這個詞的意思是「人」，是指「真正的人」，表示有骨氣、有原則，也是有禮貌，不隨便的人。他們在個性上也比其他族群沉默，但秉性刻苦耐勞，待人友善，團結心很強，很有正義感。他們生活以農耕和狩獵為主，所以他們比較樂天、豪邁，喜歡舞蹈和歌唱。只要聽過一次他們特有的「八部合音」就會永生難忘，讚不絕口。

為了要向布農族人傳福音，胡牧師每天認真學習布農語，因為只有學會了布農族語，才有辦法和他們談到生命與真實，因為福音就是關係到生命的問題。由於原住民都是只有語言、沒有文字，因此，胡牧師學會了他們的語言之後，就開始想辦法幫布農族人「發明」文字。他利用自己在日語、英語上的造詣，加上長老教會引進特有的「羅馬拼音字」，教導布農族人學會他發明的文字。

胡牧師確實很有語言天分，他學習布農語只用了一年時間，第二年就開始用布農語講道，深得布農族人的心。他制訂了十七個羅馬字母，出版一本《布農羅馬字母》的小冊子，在傳福音的同時，也教導他們認識這種羅馬拼音、學會文字。此舉引起了布農族人的興趣，他們認為文字是上天賜給他們最大的禮物。也因為這樣，加入教會的人越來越多。

後來，孫雅各牧師送胡牧師去美國專攻語言學，希望他學成後能翻譯布農族語的聖經，那年胡牧師四十九歲。他學成回來後，果然不負所望，積極投入翻譯布農族語的新約聖經，值得注意的是，這本新約聖經是他獨自一個人完成的。同時間，天主教瑞士白冷會也派一位神父來協助他，經過十二年的努力，這本布農族語的新約聖經終於順利完成，並在一九七四年出版。

其實，胡牧師不是只有翻譯新約聖經，他也教導布農族人學看「五線譜」，替他們整理《聖歌集》，也出版《布農奮興短歌》。他也訓練布農族教會組成聖歌隊，讓他們原本沒有特別娛樂活動的生活，也能在各種節日中舉行教會詩歌和傳統詩歌的演唱比賽。

從一九四七年開始直到一九六九年，在他的努力下，不少傳道者被培養出來，他帶領這些新生代的傳道者同心協力在各部落開拓福音，在短短二十二年內，已經開拓了六十一間教會，信徒多達一萬二千多人。

真實的愛，要用行為證明出來！

有一次，我跟胡牧師到山上的利稻村參加新禮拜堂的奉獻禮拜，在公路局車上，胡牧師指著另一邊山腰尚可看見的羊腸小道給我看，說當年他就是走那條小道上山。

我看見後相當驚訝地說：「這樣的山路你也願意走上去，真令人敬佩！」沒想到胡牧師回應我說：「會到山上去，是因為都市裡的人不聽，我就只好上山去找人來聽，比較容易。」他還自嘲說：「上帝賞賜給我一雙修長的腿，原來就是要我走路到山上去傳福音的，這就是俗語說的『天注定』，這沒有什麼，都是上帝預備的。」

到現在我都還記得，有次他談到傳福音的心得時，是這樣說的：「傳福音真不容易，我想還是自己生比較快。」我起先聽不太懂他的意思，就聽到他接著說：「我生了八個兒女，他們都結婚的話，就等於有十六個人，每個人生兩、三個兒女，這樣就有四、五十名信徒，一間小型教會就誕生出來了，不是嗎？」聽了之後，我覺有很有道理，也曾想過要多生幾個孩子呢。

那個年代曾經流行肺結核病，芥菜種會也在關山鎮的崁頂部落設立一所「原住民肺結核病療養院」，要他們專心接受治療。以免他們因為住在家裡，會傳染給家裡的人，特別是小孩子。當他們進入療養院之後，有專門的醫生會給予免費治療，也會給他們一些零用錢。胡牧師也很關心這件事，他每天上午都會騎著摩托車到肺結核療養院去工作，包括禮拜日帶領這些病人做禮拜，從不間斷。在一九六〇到八〇年代，療養院人數最多的時候多達七、八十人，有的病人情況非常嚴重，連起床都有困難。

一九七八年的某一天，胡牧師來找我，說他們夫婦準備去美國跟大兒子住幾個月，他拜託我替他帶領肺結核療養院的病人做禮拜，每禮拜去兩次就好，不需要每天去。他也替我準備了一個華語比較好的病人可為我翻譯。我雖然答應了，但想到這個療養院收容的都是肺結核病人，我心裡總是覺得很不安全。因為我深怕會受到感染，若是這樣，我該怎麼辦才好？

每次去療養院帶領禮拜時，那位替我翻譯的病人，有時可能聽不太懂我講的華語，便會靠近我身邊，請我重講一次。而我看見他靠過來，因為害怕被他傳染，就會主動地往後退，他看見我退後，就又上前一步靠近一些，而我這時候就更害怕，會往後再退一步。就這樣幾次之後，這位翻譯的病人就不再靠近我，但他聽不懂時也不翻譯了。

就這樣，原本參加禮拜的有大約六十個人，一個月過去，降到只剩下四十個人，兩個月後，參加禮拜的人數只剩下二十個左右，後來甚至只有十幾個人而已。我覺得很奇怪，因為我自以為有認真地準備講道內容，而且我的華語他們應該都聽得懂才對，怎會人數越來越少呢？我實在很不明白。一轉眼四個月過去了，因為參加禮拜的人越來越少，我也越來越沒勁，心裡的挫折感很重。

有一天，我穿好衣服正準備去療養院時，突然聽到有人叫「盧牧師」的聲音，我嚇了一跳，怎會是胡牧師呢？此時他才告訴我，他剛回來兩天，因為今天剛好是我要去療養院帶禮拜的日子，他想陪我上去看看，他有一段時間沒有看見山上的肺結核病人了，很想念他們。

於是我騎著摩托車載胡牧師去療養院。當我們進入療養院後，病人一看見胡牧師，幾乎全都跑出來，有的抱住他哭，好像受到什麼委屈的樣子，而有的人是緊緊握住他的手不放，我看了甚為感動。那天是由我講道，胡牧師特地替我翻譯。結束後，他不是跟著我回來，而是主動地走進病房，我就跟著他走進去，這也是我第一次進入病房。那時，我看到裡面有許多躺臥在床、無法起身的病人，胡牧師跪下來牽著他們的手祈禱，就這樣一個接一個，幾乎每個病人祈禱後都會流淚。我卻是被嚇到不行，因為那不是我敢做的動作，胡牧師竟然一點都不怕會被病人感染。可是，看見祈禱後的病人淚流滿面，我又覺得很感動。

當胡牧師說要回家時，幾乎全院的病人都出來，上前擁抱著他，要他一定要再來帶領他們做禮拜。這時我才知道，原來這些病人很敏感，他們知道我害怕、不敢接近他們，因此，他們最好的回應方式，就是不參加我講道的禮拜。而胡牧師的動作，讓我感到相當地羞愧。我想起了聖經的話這樣說：

我們的愛不應該只是口頭上的愛，必須是真實的愛，用行為證明出來！

有了愛就沒有恐懼；完全的愛驅除一切的恐懼。所以，那有恐懼的就沒有完全的愛，因為恐懼和懲罰是相關連的。★

這時我明白了，我會怕，是因為我的愛不夠，甚至是沒有真實的愛。我也清楚知道自己雖然是個傳道者、牧師，但心中並沒有真實的愛，才會害怕被病人感染。經過那次的學習，我後來參與關懷同志、妓女、農民、街友等活動時，我都知道不能只是用嘴巴講講就算了，而是要用實際行動表現出來，和這些需要關心的人擁抱在一起，跟他們同行，為他們發聲，這樣就不會有誤會。我也學會真實的愛，是心中沒有欺騙或是其他壞念頭的愛，這樣就不會有恐懼。因為心中有愛，就可以將這些恐懼與不安掃除，也會拉近彼此之間的生命距離。

★分別見：約翰（若望）一書3章18節；4章18節。

遭到誣告

胡牧師在布農族部落的這段日子裡，也曾發生過非常驚險的事。那時，芥菜種會除了開設「原住民肺病療養院」之外，還設立了「馬利亞山地產院」，由胡牧師的妻子葉寶玉師母負責，因為她是受過訓練、有執照的助產士。

「馬利亞山地產院」在籌備之初，就由胡牧師的兒子胡宏仁寫信給東部所有原住民教會，告訴他們有懷孕婦女準備臨盆的時候，可以到「馬利亞山地產院」生產，不但所有費用全免，還有營養補給品和小孩的衣服，這對原住民來說實在是個好消息。後來，這件事被當時在花蓮玉里鎮「卓榮村」一位名叫余保堂的警員知道，好消息就不再是好消息了。

原來，余保堂的太太養一大群鴨子，天天野放到田園去覓食，常常造成村民的稻田或菜園受到損害，有時秧苗才插下去，就被鴨子踩死或是啄掉了。卓榮村都是布農族的人，他們紛紛到教會抱怨，教會就出面向派出所反應，結果這位余保堂警員不但不約束妻子的作為，反而是氣卓榮村的村民，因而對村中的原住民懷有仇恨。

就因為這樣，他竟然誣告「卓樂教會」傳道和長老要帶領信徒革命叛亂，結果玉里警察分局抓了很多人拷打逼供。長老教會總會透過關係將這件事反應給警備總部，警總派人詢問被收押在玉里分局的胡牧師長子胡宏仁，以及其他卓樂教會的傳道者和長執，才發現全都是余保堂警員的陷害計謀。因此，他們立即釋放了胡宏仁，並且派員到胡牧師家裡表示歉意，也放了所有被捕的卓樂教會傳道人和長執，還送禮物給他們，要他們不可將被毒打、刑求的事情講出去。

在他們被捕、刑求期間，鄰近布農族教會的信徒，天天都為他們祈禱，祈求上帝保守他們。卓樂教會經歷此事之後，不但更加堅定他們的信念，大家還同心齊力親手重建禮拜堂。

傳福音受苦難的事，在每個時代都會發生。因為真實的福音是要幫助人建立真誠的心靈，而這種心靈的要件，就是用潔淨的手、純正的心念作基礎建構起來的。

一九八二年六月十五日，台灣神學院頒發「榮譽神學博士」學位給胡文池牧師，他在致詞中並沒有誇耀自己所做的成果，而是一再感謝上帝賜給他健康的身體，和一雙修長又能走路的腿，讓他得以在布農山區傳播福音。

二〇一〇年八月二十日，胡文池牧師在台東關山自宅安息回天家，享年一百零一歲。而在二〇一六年六月六日，葉寶玉師母也回到天家。享年九十九歲。

08 拿到天堂的門票——范鳳龍醫師

如果要大家猜猜看，有哪位來自歐洲的外科醫師，住在台灣長達三十八年，開了八萬台的刀，卻從來不曾離開過台灣，你猜得出來是誰嗎？答案就是來自義大利天主教靈醫會的「范鳳龍醫師」（Janez，「若望」之意，基督教稱之為「約翰」）。宜蘭人都稱他為「Oki」，即日語的「大」，因為他個子長得很高大，也是尊稱他是「大醫師」的意思。

范鳳龍醫師（以下我都會用「Oki」來介紹他）是在一九一三年一月十四日出生在南歐「斯洛維尼亞」的首都「魯比亞納」（Ljubljana）附近的一個小村落。家庭生活非常困苦，從小就受到信仰虔誠的母親影響。他的母親期盼他當個神父，但他確認自己不適合當神父，而想當醫生，母親為此絕食三天，但他不肯妥協，還陪著母親一起絕食。後來他告訴母親，說他讀醫學當醫生之後，就是要跟神父去做醫療傳道的工作，這才讓母親接受。

Oki在二十二歲那年進入醫學院讀書，輾轉幾個學校後，從奧地利的格拉茲醫學大學畢業，他接著去維也納醫學院專攻「血液」方面的課程。也因為他讀過幾間不同的醫學院，他年紀輕輕就會斯拉夫語、德語、義大利語、英語，以及後來當宣教師而學會的華語。

畢業後，他返回故鄉的醫院當外科醫生。可能跟他在貧困中成長有關係吧，自從在醫院工作以來，他就甚少請假，甚至常常替同事代班看診。

一九三九年，德國入侵波蘭，並且和英國、法國以及蘇聯開戰，Oki也被徵召入伍，他說自己盡可能地不開槍，因為他是醫生，是為了救人而不是殺人。一九四五年，第二次大戰之後，Oki的祖國斯洛維尼亞被併入「南斯拉夫」，成為共產統治的國家。他因為拒絕加入共產黨而被人陷害，於是開始漫長的逃亡。

同年五月，他誤搭一輛載滿藥品的汽車，以為是要進入義大利照顧難民，沒有想到那輛車竟然是要回南斯拉夫的，所以他趁車子暫時停下時偷偷下車，跑進麥田裡躲藏起來。Oki說他躲在麥田裡長達六個小時之久，動也不敢動。等到半夜十一點，看四下無人之後，他才小心翼翼地翻山越嶺，來到奧地利邊界的一個小村落，找到一座天主教會，請求裡面的神父幫忙。那位神父帶他到義大利去，就此改變了他的一生。

他從羅馬轉到阿根廷，在教會的介紹下進入政府設立的「行動診所」展開醫療服務的工作。他在難民營裡的醫療服務受到相當好的評語，但他的心中還是很希望能有機會到亞洲為深受戰爭摧殘的國家服務。一九四八年，他從阿根廷搭船來到中國，這一年他三十五歲，從此不曾再回過他的故鄉斯洛維尼亞。

之後他陸續寫信給母親，讓他母親知道當年他雖然沒有當神父，但他一直跟在神父身邊照顧病人，更重要的是他為了逃離共產黨逮捕，躲在麥田裡直到深夜，是上帝伸手救助了他。因此，他許願**要把一生的時間奉獻給上帝**。

頂好醫師

他抵達中國之後，先到雲南東北部的「昭通市」，那裡有義大利靈醫會開辦的「天主教惠東醫院」。醫院裡只有五位修女，但沒有醫生，他就這樣開始醫療服務的工作，也一邊學習中文。醫院的設備是簡陋的，可是病人相當多，也因為他的認真與精細的技術，名聲很快就傳開來。當地的人都稱呼他「頂好醫師」，他說：「大家怎樣稱呼我都不重要，重要的是病人身體順利康復，這才是我獻身醫療服務最重要的事。」

在「惠東醫院」服務期間，有一件事讓Oki醫師非常難忘。有一位住在深山裡的年老病人得了膀胱結石，村裡的人和老人自己都認為那是魔鬼纏身，使老人感到相當痛苦。後來Oki開刀治好了老人，出院那天，老人的孩子帶來一小袋馬鈴薯，告訴他說這是他家裡僅有的「錢」，希望「頂好醫師」能收下當醫療費用。Oki開心地收下了，當孩子帶著年老父親準備離開醫院時，Oki拿了一包錢給這孩子，告訴他說路途遙遠，剛出院的病人不適合走太遠的路，他要這孩子用他給的錢雇一頂轎子抬父親回山上去。

沒有想到經過了一年，有一天，這個老人背了一袋豌豆來醫院，說要送給「頂好醫生」。他們父子走了兩天的路才抵達醫院，當他們走到醫院時，正好Oki在開刀房做手術，父子兩人就坐在樹蔭下等到他開完刀出來。他說，這對父子如此感恩的心，讓他永遠記得，無法忘記。

令人難過的是二次大戰結束後，Oki也面臨了和許多宣教師一樣的事，就是隨即發生的國共內戰，使得所有外國人都必須離開中國。於是，Oki就跟隨靈醫會的其他夥伴，一起在一九五二年來到台灣。

經過瞭解之後，靈醫會選擇了當時滿是甲狀腺腫、肺結核病人，醫療資源非常落後的宜蘭縣羅東落腳。就這樣，前後共有將近四十年時間，Oki醫師都住在宜蘭的「羅東聖母醫院」，沒有離開過，甚至連他摯愛的母親過世，他也沒有時間回去奔喪。有幾次他故鄉的親友來探望他，他也無法前往接機；因為他最怕的是病人緊急需要他時，他卻不在。

剛開始在聖母醫院看診的時候，什麼設備都非常簡陋。在開診的第三天，有一個五十多歲的婦女來開刀，Oki醫師的第一刀，是從這個婦女的子宮裡取出重約十二公斤的子宮肌瘤，震驚了整個羅東和宜蘭地區。在那個時候，開刀房幾乎可說是連開刀床都沒有，也沒有什麼設備可言，就在什麼都欠缺的狀況下，Oki一面開刀，一面汗流浹背地完成第一個手術。

如果我們知道當時醫院的設備是多麼簡陋，就會懷疑這樣的醫院怎麼可能做手術？想想看，那時的病床是簡陋到用稻草當作床墊鋪在地上，上面蓋著草席，整個醫院也才只有十五張病床。但是，他在一刀救治了那位婦女之後，整個宜蘭地區都盛傳「羅東有一位華陀再世」，於是宜蘭各地的病人接踵而來，使得醫院不得不擴大空間。

就這樣，Oki醫師每天忙碌著為需要開刀的病人服務。

以今天的標準來看，那是不可能當開刀房、也不可能動手術的。因為沒有通風設備，連止血鉗也沒有幾支，更談不上開刀房必備的「無影手術燈」。夏天的時候，為了要抵抗炎熱的手術房，他們只好買冰塊放在盆子裡，打赤腳站在盆子裡開刀。說這些給現在的醫學生聽，他們都會說那是天方夜譚，但對當時的他們來說，卻是再切身不過的現實。

創下醫療史紀錄

Oki醫師因這次手術成功而聲名遠播，病患從各地慕名而來，包括東南亞、菲律賓，甚至遠從美國而來，連政要、社會名流也特地到宜蘭，指名要Oki醫師做手術。

他在羅東三十八年的歲月中，留下了八萬多件完美的外科手術紀錄，領域涵蓋了一般外科、骨科、泌尿外科、婦科等，除了頭和心臟外，沒有Oki醫師不能處理的難題，他連牙齒也會拔。但從來沒有任何患者因為處置不當，死在Oki醫師的手術檯上。這樣的記錄，國內至今無人能及。他在去世前一個月，猶以七十八歲高齡，強忍病痛為病童手術，這也創下了國內醫療史的另一項紀錄。

更值得一提的，是Oki醫師還完成了「牛小骨人體脛骨移植手術」，這是他在醫學上另一項偉大的成就。他的學生和同僚都建議他發表於醫學文獻上，但不求名聲的他聽了之後，只是帶著微笑，沒有多說什麼。他曾這樣說：

上帝知道我在做什麼，因為我所有的，都是祂賞賜的。我只是將上帝賞賜給我的，用在需要的人身上而已。

在聖母醫院工作的人都知道，Oki醫師對病人的好是出了名的，但對醫療工作者的要求卻相當嚴格，所以很多員工都說：「寧願當Oki醫師的病人，不要當他的同事。」他除了不停地捐血外，醫院給他的錢，他都是放在總務人員那裡，還特別交代他們，只要知道病人沒錢，就直接從他的錢裡扣除，有時，他甚至連留在身邊的零用金也全給了病人。

每當查房時，他都會仔細地看病人桌上有沒有牛奶，若是沒有，他會馬上差人去買，但絕不讓人說出是他買的。他囑咐要開刀的病人若是時間到了卻沒出現，他便會怒氣沖沖地跑到會計室去責問：「是不是你們向病人收保證金，害病人不敢上門來開刀？」聖母醫院秘書室藍小姐說：「在醫院工作久了的人都知道：只要是Oki醫師的病人，先救要緊，就是不能先收錢。」這一切都是在還沒有健保的時代，也因為這樣，聖母醫院常常有人說Oki是病人的「血庫和銀行」。

在Oki醫師眼中，凡事都要以病人為優先，為了隨時可能有病人上門，在聖母醫院的三十八年裡，他都住在開刀房樓下，只要遇到有緊急的刀要開，他披起白袍就上樓。一九五〇年代聖母醫院的醫療人才嚴重不足，Oki醫師幾乎事必躬親，舉凡手術鋪單、消毒、照X光、洗片子、換藥等等，他都是親自動手。每天除了看門診，他還要排檢查、查病房、訓練醫護人員，往往在下午四點進開刀房，直到深夜才收工。但是不管工作得多晚，第二天他一定準時出現在病房，從不遲到。

只要是沒有開刀的時間，除了查房探視病人外，Oki醫師也會交代急診室和救護車司機，若有需要出車，都要先聯絡他，讓他可以跟著救護車出去救人。他說：「有醫生跟著救護車去救人，就可以多救一些人的生命。」

他待在台灣的三十八年時間，從來不曾離開醫院一步，開了超過八萬台的刀，這種工作量簡直就是把自己的生命放在開刀房裡度過一樣。而他最令人感念的事，就是在還沒有健保之前，只要看到從山區來就醫的原住民，或是因為貧困而無法繳納醫療費用的窮人、農民、漁民，他總是告訴收費處的總務同工，把這些人的帳記在他名下，從他的錢裡扣除，也因為這樣，在宜蘭有一個傳言，說在羅東聖母醫院看病很便宜。

他甚至有幾次因為過勞而昏倒在開刀房，被救治甦醒之後的第一件事，就是問：「病人開完刀了沒？」若是還沒，他就繼續加入救治的工作。他也經常跑去病人家裡探問開刀後的生活情形，每當看到有病人家境貧困，就會拿錢賙濟他們。

為上帝工作的人，不需要名字

有人一直無法瞭解，Oki醫師為什麼要這樣拼命救人？其實，這也是他內心的生命告白。他說：「因為我之所以能夠在逃難中活下來，完全是上帝的恩典，絕對不是僥倖。」也因此，每天起床早禱的時候，他就會重複這段禱詞：

慈愛的天主，我的生命是祢賞賜的，我的才能也是祢給的，求祢幫助我永遠記得對祢許下的願，要把一生當作奉獻獻給祢，來救治需要幫助的病人。

他會天天這樣祈禱，是因為他發現人性的軟弱，深怕自己會被錢財迷惑而忘記上帝的救恩。他說：「在世界各地都一樣，錢財往往迷惑了人清潔的心志和毅力，會使人忘記上帝才是真正賞賜生命的主。」他又說：「我只有這樣祈禱，才會使自己永遠記得上帝救命之恩。」

在開刀房跟隨Oki醫師長達三十年的杜素瓊護士說：「Oki醫師是個很特別的人，充滿神祕色彩；他不愛錢、不求利，生活簡單，不挑食；最大的快樂是聽到術後病人排氣的聲音，最大的享受則是自己的工作，一生最高的原則是病人第一。」每當護士在為病人換藥時，若是傷口沾粘，一撕下膠布，病人難免痛得唉唉叫，要是這種聲音被Oki醫師聽到，他一定會斥責護士說：「換藥時，妳要想成：這就是妳的腿！」

他對護理人員的要求很嚴格。在醫院建造起來後，他就要護士建立完全無菌的觀念：護士帽要完全將頭髮包起來，不能留指甲、擦指甲油，護士服要燙得筆挺，誰鞋子髒了，第二天他就送她一瓶鞋油。有時，大夜班護士難免打瞌睡，被他發現了，他便照相存證；發現護理紀錄與病人所述不符，即使夜班護士已回家了，他也要她們立刻回院，直罵到她們淚流不止才罷休。雖然Oki醫師脾氣大，但是大家知道他是為病人好，即使被他毫不留情地罵哭了，也沒有人怨他。

由於Oki終生未娶，一般人還以為他是神父，其實他並不是神職人員。他說自己不談感情的理由是：「我要把時間留給病人。若是成家，不是沒有能力照顧家人，就是家人會分去我太多時間。」他生活中唯一講究的只有音樂；愛音樂的他，即使在開刀房動手術，也要播放他喜歡的樂曲。他的嗜好不多，就是抽菸和看書，他告訴醫院的人，只要給他一點買書、買香菸，和買換洗衣服的錢就可以了。

他有個非常不一樣的地方，就是他禁止洗衣房的人將他的名字繡在衣服上，他說：「為上帝工作的人，不**需要有自己的名字**，上帝都很清楚知道那個人是誰。」他也說：「誰為上帝工作，上帝就會照顧那個人。有上帝照顧，比有錢而用錢來照顧自己要好。是用錢來照顧比較好？還是有上帝照顧比較棒？相信大家應該很清楚。」就這樣，他耗盡一生的生命與時間，投入照顧貧窮病人的事工中。

很少有人對錢財、名利、地位毫不動心的。但就像他自己說的，若沒有天天祈禱，求上帝不要讓他受到錢財和名利的誘惑，他可能早就離開上帝了。過去，衛生署曾要頒發「醫療奉獻獎」給他，他堅持拒絕，無論誰來勸說，他都拒絕。有些頗具影響力的媒體想要採訪他，他照樣理都不理。曾有一位美國的主教要推薦他為「諾貝爾和平獎」候選人，他吭都不吭一聲，而美國《時代雜誌》（*Time*）專程來訪問他，他見也不見。

這就是Oki醫師，被羅東醫院的醫護人員與病人們尊敬、喜愛的「大醫師」。

醫生最重要的目標

一生淡泊的Oki醫師，晚年為肺疾所苦，但他自己照X光，拒絕向別人透露病情，仍照常工作。直到一九九〇年九月十四日，他在開刀房完成最後一台手術後，隔天就因為發高燒，不得不卸下開刀房的工作。即使之後病情日益嚴重，他仍風趣地告訴前來探望的朋友：「我要離開你們了，要住到更好、更美的地方去；你們別為我立銅像，要不然每天風吹雨打，誰來幫我洗澡？」

他寫給摯友林塞克神父的信上這樣說：

> 我懇求你，不要再寫關於我的事了，拿我當偉人沒有意義，因為在醫院裡，我只是個工人。就算我為《傳教週刊》寫過什麼傳教的事，那只是為了報答曾經幫助我到中國去的人。至於這些年來發生過多少事，有些我在信上談到了，但是最美麗

的事是每個人自己保留著。我不能期望假期，我的生命已經獻給了在這裡的病人。將來我只有一個願望：大步走到永恆時，我還在工作。

Oki醫師並不善言詞，但他用一生的行動豎立了一個簡單而偉大的典範：**醫生最重要的目標，不是金錢、聲名，更不是權力，而是「愛病人如己」**。

一九九〇年十月七日，Oki領完聖餐後宣佈：「我已經拿到天堂的門票了！」四天後的上午，他走完生命的旅程，享年七十八歲。

他真的走了。身後，他的遺言是把他葬在他奉獻了大半生的羅東，依舊離他的故鄉千百里之遠。出殯那一天，超過一千五百多位受惠者，自全台各地趕來，送他們最敬愛的Oki最後一程，至今他仍鮮活地存在於每一個宜蘭人的心中。

今天，只要到宜蘭羅東，跟人說「OKI」，大家都會知道這是范鳳龍醫師的暱稱。他深愛著台灣，也將自己的一生完全奉獻給台灣，他就是愛台灣到這樣的地步！

09

截肢也不能停止對台灣的愛——劉建仁神父

我知道，上帝所做的一切永遠長存；人無法對上帝的作為有所增減。上帝這樣做，是要人敬畏他。★

生命的價值不在於肉體的殘缺與否，而在於精神的高貴無私。

以上這兩段話，分別來自美國天主教耶穌會的劉建仁神父（Robert J. Ronald）最喜歡的聖經經文，以及他常掛在嘴邊的話。發生在他身上的經歷，正好能用這節經文來說明，上帝的奇妙作為不是人的知識能力所能明白的。

★傳道書（訓道篇）3章14節。

說到發生在他身上的經歷，是指他在一九五八年，也就是他二十六歲剛來台灣的那年，沒幾天就被感染「小兒麻痺」而癱瘓，後來送回美國去治療。然後是在一九七四年，他在前往新竹的路上發生車禍，開車的司機當場死亡，他的雙腿慘遭壓傷，住院八個月後再度送回美國，結果左腿發生「骨髓炎」而被截肢。然而，面對這樣殘酷的際遇，他並沒有任何埋怨，反而清楚地知道原來上帝是要透過他這樣的經歷和身體的殘缺，讓他投入畢生精力去照顧和他相同的人。

劉建仁神父是一九三二年出生在美國加州一個天主教家庭。跟其他獻身在國外的宣教師一樣，他從小就嚮往著有一天能夠到國外去傳福音。因此，他進入耶穌會的修道院去學習，課程告一段落後，果然如他所願地在一九五七年接到通知，要他到台灣來服務。

一般來說，外國宣教師會在兩個地方學習台灣的語言，一個是新竹華語中心，另一個是台中天主教瑪利諾會辦的語言學校，這裡可以學到很道地的台語和華語。劉神父選擇到新竹學習華語一年，而在這一年間，他經常利用假日，到新竹的「杜華神父學生中心」關心那裡的孩子們，並幫助他們學習英文。他說以這種方式學習語言，會比在語言中心來得快又準確，也因為這樣頻繁的互動，使他和中心的孩子們的關係變得非常緊密。

陷入生死關頭

從一九五八年到一九八一年，台灣連續發生好幾次小兒麻痺大流行。根據創辦屏東基督教醫院的畢嘉士醫師說，至少有八萬個孩子受到感染。可怕的是，受到感染的不只是小孩，不少成人也受到感染而有生命危險，這其中就包括了劉神父。

他在新竹感染了小兒麻痺，他還記得那天是一九五八年九月二十六日，他說那天他夜裡醒來，突然感覺背部中間一陣劇痛。起先他不以為意，因為那時他正好參加耶穌會修士一年一度的「避靜」活動，他想結束後再去看醫生，沒有想到這樣導致了病情更加嚴重。當八天的避靜結束時，他已經全身麻痺而無法動彈了。

當時台灣對治療小兒麻痺症的知識可說是完全缺乏，在美國天主教會的幫助下，幾番波折，好不容易才使他得到特殊的機會，可以搭上美軍醫療專機回美國就醫。但怎麼想也沒有想到的事發生了；當他被送到醫院、醫生準備為他開刀時，因為注射了麻醉用的「硫噴妥那」藥劑，竟導致劉神父心跳和呼吸都完全停止。經過醫生的努力，切開胸腔緊急按摩心臟，歷經九十分鐘後才再度恢復心跳，送進加護病房。因為情況危急，醫院還緊急拜託一位剛好到醫院來探望病人的神父，為他做了「臨終聖禮」。

但就像後來劉建仁神父所說的，每件事都有上帝奇妙的安排。經過幾個禮拜後，劉神父終於甦醒過來，也逐漸康復，可以繼續他的物理治療。這時候，他心中只想到一件事：**希望能夠回來台灣繼續他的傳道工作**。可是醫生卻告訴他，他永遠都無法再站立起來，這一生都只能倚靠輪椅行動了。

面對醫生的殘酷宣告，他只說，這並不是他所擔心的事，他唯一擔心的是台灣天主教會可能不讓他再回來。當下他的第一個念頭，就是先學習怎樣才可以自己料理生活，只有在這先決條件下，才能跟台灣的天主教會說「我要回去」。

為了要回來台灣，他經過兩年時間的復健、治療，在醫生詳細評估之後，確定他可以自己乘坐輪椅行動自如。然後他又到美國喬治亞州的「溫泉基金會」做進一步的復健治療，在這個基金會的幫助下，他學會不用看護幫忙也能夠自己起床、穿衣，沐浴和進食。這時，他想要試試看台灣天主教會是否會接納他回來，因為他一心想的，都是要再次回到台灣。

服務身體有殘缺的人

一九六〇年七月，他寫信給新竹「杜華神父學生中心」的孩子們，把他的近況告訴這群他所認識的孩子們，也讓他們知道自己希望能回台灣和他們一起學習認識信仰。當這封信傳到中心的孩子們手上時，他們輪流看著，幾乎每個學生看到信後都感動流淚。

當這群孩子看到流淚時，正好耶穌會的會長「倪永祥神父」到該中心去探望學生，他看到幾個學生哭紅了眼，以為發生了什麼事，學生將劉神父的信給他看，他看完那封信之後，主動回信給劉神父，告訴他只要醫生證明他可以旅行，且有能力在台灣從事傳福音的工作，他願意接納劉神父回來。

就這樣，劉神父果真取得美國醫師的確定信函，而在一九六五年再次回到台灣來，並且順利地在一九六七年三月完成台灣耶穌會規定的語言和神學課程。

當這些該具備的條件都有了之後，他很認真地思考一件事：要投入哪種領域去工作？因為自己必須乘坐輪椅才能行動，而且是要終身使用輪椅，所以他決定再次回美國學習「復健課程」，這樣等他再次回來台灣後，就能幫助跟他一樣深受小兒麻痺病症摧殘的人。

那時，美國的每個州都有設立「職能復健部」，訓練身體有殘疾的人士復健，並幫助他們找到工作，好使這種身體有殘疾的人民可以在經濟上獨立生活。為了學習這些知識，他先到「亞歷桑納大學」上課並取得學位，也獲得了「復健諮商師」的資格，然後在鳳凰城的「好撒馬利亞人醫院」當復健諮商師。累積了一年的工作經驗後，劉建仁神父決定再次回到台灣來。一九七一年，他回來台灣，並且受聘在台北「三軍總醫院外科和復健科」當顧問，這一做，竟然長達三十一年時間，直到二〇〇二年才退休。

在三軍總醫院服務期間，他遇到許多病人詢問他關於復健之後該如何面對工作環境的事。這讓他有了一個想法：應該設立一個專門服務的中心，來幫助這些深受小兒麻痺殘害，或是因為車禍受傷而導致身體有殘障的人士。

於是，在二年後的一九七三年，他將身上全部的錢和美國親朋好友給他的捐款全都捐出來，在台北新生南路二段天主教聖家堂旁邊的巷弄裡，設立「更生復健服務中心」，裡面成立輔導小組、成長團體、諮商輔導，以及心理、社會等方面的諮詢服務，也舉辦娛樂、郊遊等活動，替身體有殘缺的人士謀職，甚至還幫助這些人士成家立業，建構美滿家庭。

遭遇車禍與截肢

一九八六年，也就是他罹患小兒麻痺二十八年後，他突然發現自己的手臂無法上舉，活動受到限制的現象越來越明顯，他第一個想到的是：「這是不是一種小兒麻痺的後遺症？」他將自己當作研究案例，寫下自己的親身經歷，同時注意「更生復健服務中心」的小兒麻痺患者是否也有類似的狀況發生，如果有，他就仔細蒐集資料，加以分析研究。

沒有想到就因為這樣，使「更生復建中心」成為全世界率先注意到、並且有實例可供研究「後小兒麻痺症候群」的中心之一。也因為這緣故，當一九八六年「世界衛生組織」召開「全球小兒麻痺國際會議」時，他所創辦的「更生復建中心」成為繼紐約、華盛頓兩家醫學中心之後，第三個提出這種理論的機構，讓全世界醫學界注意到罹患小兒麻痺的人，很可能在二十年後，會再度出現肌肉麻痺萎縮的後遺症，對醫學界在這方面的研究幫助很大。

一九七四年三月十七日，他搭乘一輛廂型車去新竹照顧殘障朋友，回程的路上，突然有一輛卡車和另一輛車擦身而過，卻筆直地朝著他的車子衝撞而來，結果開車的司機當場死亡，而他是雙腿嚴重挫傷。經過八個月的治療後，他再次被送回美國療養，卻沒有想到因為感染「骨髓炎」而被主治醫師判定，必須將左腿膝蓋以下全部截肢才能存活。

殘酷的打擊接踵而來，劉建仁神父來台灣不但感染了小兒麻痺，也因為車禍截去了左腿。但他並沒有因此氣餒，而是將之看成上帝賞賜的特殊恩典，他說「這一切都有上帝的安排」，所以依舊秉持著原本奉獻的心志，用堅定的毅力在台灣奉獻他生命中最精華的四十多年歲月。

他說，就是因為生命中有這種殘酷的經歷，才使他想到投入鑽研「職能鑑定」的學識，將身心殘障者「職能鑑定」在台灣設立起來，進而促使政府在身心障礙者保護法中，為殘障者提供就業前的職能鑑定，為殘障者打破就業障礙，讓殘障者不受形體限制，能在各行各業發揮所長。

劉神父的種種努力，使他被視為台灣「職能鑑定」的「開創先鋒」。台大職能治療系的老師就這樣說：

一九七五年之後，台灣復健醫學才剛起步，除了醫療外，並沒有人會關心或想到身體殘障者的就業問題。在一般人的認知中，殘障者頂多是學些修理鐘錶、皮鞋、刻印章或縫紉等工作，但劉建仁神父則是在台北榮民總院推出殘障者「職能鑑定」，透過性向、能力測驗，可協助殘障者瞭解自身潛能，幫他們找到合適的工作；除了翻譯國外評量方法外，還設計出圖像式的評量工具，供心智障礙者使用。

經過三十年的推廣，政府終於在一九九七年訂立「身心障礙者保護法」，很清楚規定：公家及私人機關依法必須雇用身心障礙者。然後一九九八年更進一步公布「職業輔導評量辦法」，為身心障礙者提供職前鑑定，而且鑑定人員都必須接受至少一百六十小時的專業訓練。目前已有復健、心理、特殊教育、社工背景專業人員都參與了身心障礙者的職能鑑定；而殘障者也有殘障特考，讓他們可進入各行各業工作，大幅降低身心障礙者的就業門檻。

劉建仁神父雖然經歷了這種殘酷的生命際遇，但他一直絕口不提染病的痛苦，他這種對生命「超脫」的態度，讓在台北榮民總醫院跟他一起做「職能鑑定」工作的醫護人員，以及「更生復建中心」的所有員工看了都深受感動。

二〇〇二年，七十歲的劉神父退休下來，其實這時的他已飽受小兒麻痺後遺症的摧殘，肌肉萎縮症候群更明顯地出現，導致他每天生活的各種動作都更加困難。

二〇〇九年一月二日，他終於卸下世上的工作，走完生命的艱苦旅程，回到天家，享年七十七歲。

10 翻山越嶺來愛你——魏海蓮護理師

耶穌教導門徒時，曾說過這樣一段話：「你施捨的時候，別讓左手知道右手知道所做的，這應該是一件隱密的事。這樣，那位看得見你在隱密中做事的天父一定會獎賞你。」★

許多基督教宣教師到世界各地去傳福音時，就是因為耶穌的這項教導，而在偏遠地區奉獻了一生的生命。過去有許多外籍宣教師在台灣留下了令人感動的事蹟，而記下這些故事的人，都是領受過這份大愛的民眾，他們將自己親身領受到的恩澤、親眼目睹過的美好故事全都記錄下來，我們才有辦法知道。

★馬太福音6章3－4節。

我有說過，二次世界大戰之後，有一大群宣教師從中國轉來台灣。而在一九四九年，就有一位高甘霖牧師帶領基督教門諾會海外救濟會從中國轉來台灣花蓮，服務原住民的部落。

在「門諾會醫療服務團」當中，有一位很值得我們感念的護理師，名叫「魏海蓮」（Helen Willms）。她在一九二五年出生於俄國，她的父母為了躲避當時共產政權，舉家逃往加拿大，他們全家都是基督教門諾會的敬虔信徒。

一九五七年，魏海蓮接受「門諾會海外救濟會」的差派，來到台灣的「花蓮基督教門諾醫院」服務。她被派擔任護理與公共衛生的工作，同時極力推廣山地巡迴醫療服務。她經常和薄柔纜醫師（門諾醫院前院長）一起進入花蓮各個原住民部落，投入醫療服務和社區保健衛教的工作，此外，她也曾擔任過門諾醫院的護理主任。讓人難以想像的是，在這長達三十七年的時間裡，她沒有支領過醫院半點薪水，只靠著美國門諾會總會支付的微薄補貼度日。

魏海蓮接受差派來到花蓮時，才三十出頭而已。對很多人而言，這個年紀才正要開始享受人生，但身為虔誠基督徒的她，為了實踐上帝愛人的真諦，卻全心全力地走上一條完全不同的路。

永遠把病人擺在第一位

當時東部的交通十分不便，從花蓮市中心到花蓮縣南端的玉里鎮，往返需要數小時車程，若是要深入山地村落去進行巡迴醫療和公共衛生教育，往往需要沿途跋涉。這些山地村落的醫藥都非常缺乏，流行病也非常猖獗，特別是肺結核病更是嚴重。魏海蓮跟著門諾會醫療服務隊在東部群山間穿梭，有路的地方就搭乘山地巡迴醫療服務車，沒路時就得徒步翻山越嶺，或是跨越急湍的溪水，一路上還要背著沉重的醫藥器材，往往一趟行醫路程就是十幾個小時。

即使是寒風刺骨的冬天，她也一樣每天清晨六點起來，然後準時搭火車趕赴玉里鎮各山地部落去，經常忙到午飯都忘了吃。門諾醫院社區保健科的林秀妹督導說：「當時最怕的事，就是和魏海蓮護理師出勤，每天總是一大清早就得出門，工作累得半死，卻連午飯都沒得吃。」

她又這樣描述有一次跟魏海蓮護理師進行山地原住民醫療服務的情景，說：

有一天早上八點多，我和魏海蓮護理師到一個山地社區從事家訪，一七〇公分高的魏護理師屈身走進一間茅草覆頂、鐵皮搭建的山胞家裡，還沒踏進門口，濃濃的尿騷味混和著酒味就撲鼻而來，原來那名原住民同胞癱瘓在床，幾個孩子坐在地上，臉上掛著兩條黃鼻涕，眼角沾滿了眼屎，蒼蠅在頭上猛打轉，而地上盡是屎尿和未洗的碗盤。

我還在想怎麼墊起腳尖跨過這些穢物時，魏護理師卻一個箭步向前，抱起在地上哭泣的孩子，又親又吻。那情形深深震撼了我的心！工作結束後，在回程的路上，我一直這樣想著：難道外國人比我更愛自己的同胞嗎？

這是林秀妹督導反省之後所說的話。也因此，她下定決心要跟隨魏海蓮的腳步，像她一樣愛護自己的同胞，到花蓮山地各部落去散播公共衛教的種籽。

對於病人的需要，魏海蓮永遠是無條件地滿足他們；即使是遠在山嶺上有原住民生病，她也從不考慮女性單身進入山區的危險，和山路崎嶇跋涉的不易，總是排除萬難、想盡辦法將病人送下山來就醫。和魏海蓮因宗教信仰相同而結緣，且結為姊妹的林瑞奕女士回憶說：「由於魏海蓮很熱心助人，因此，只要知道有人需要幫助，大家第一個想到的，就是先去向她求援。」

魏海蓮特別喜愛孩子，當年山地兒童大部分都是營養不良，身體內常有寄生蟲，更嚴重的是結核病和瘧疾流行，所以許多小孩是骨瘦如柴，卻腹大如鼓。魏海蓮總是帶著美援奶粉和自己親手做的花生巧克力糖給孩子吃。部落裡的孩子只要聽到她喊「平安，你好！」的招呼聲，都會立刻從自己家裡跑出來，向她高聲大喊：「亞美利堅，亞美利堅！」

有一次，為了照顧一名嚴重營養不良的山地孩子，她和孩子的父母討論之後，將那孩子帶回自己家裡，每天抱在膝上辦公，耐心地餵食三餐，沒過幾天，原先又黑又瘦的孩子，就恢復成健健康康的模樣，她再親手帶著送回家給父母。

然而，長途跋山涉水，難免遇上意外。林秀妹督導這樣回憶著：由於花蓮交通不便，魏海蓮經常騎摩托車載她到各地進行家庭訪視。有一個下著大雨的日子，魏海蓮騎摩托車行駛在泥濘的北埔路上，因天雨路滑，兩個人摔了個四腳朝天。沒想到，魏海蓮掙扎起身後，第一步不是檢查自己的傷勢，而是很焦慮地問她有沒有受傷，當察知她沒受傷後，魏海蓮完全不顧自己身上受了傷、正在流血，堅持要繼續進行家庭訪視。除此之外，她還有幾次不慎摔倒、骨折，她也從來不放在心上，永遠把病人擺在第一位，任何挫折都不會減低她對工作的熱忱。

幫助原住民戒酒

前面已經說過，魏海蓮在門諾醫院服務三十多年，從不向醫院支薪，每個月僅靠美國門諾會總會寄來的微薄薪水度日。但是，物質生活極為儉樸的她，總是會省下每一分錢，用來幫助別人，還會囑咐醫院絕對不能對受助者透露她的姓名。門諾醫院醫療事務組的王小姐說：「當年就是因為魏護理師幫忙，我才能進護校讀書。但我知道魏護理師幫助我讀書的這件事，是直到她回加拿大之後，由別人告訴我才知道，原來魏海蓮護理師就是當年幫助我的大恩人。」

其實，還有更多像王小姐這樣受魏海蓮照顧過的人，至今仍不知自己受恩於何人。因為魏海蓮總是引用耶穌所說的這句話：「別讓左手知道右手所做的，這應該是一件隱密的事。」一九九四年，魏海蓮七十歲退休、決定返回加拿大定居時，醫院裡曾受她恩惠的同事，都爭著幫她出旅費和生活費，因而募集了一筆不小的款項，魏海蓮卻把這些錢全數捐給了孤兒院。

還有一件非常令人感動的事，就是花蓮萬榮鄉的馬遠村，因為受到魏海蓮的感召，竟然全村戒酒！當時的原住民村落通常都有酗酒問題，馬遠村也不例外，那他們為什麼會全村戒酒呢？原來是當年魏海蓮到山區巡迴醫療服務時，發現許多部落的衛生環境極差，居民缺乏衛生習慣和常識，常就地排便，使得寄生蟲四處橫生，結核病菌也因此漫天飛揚。當時她就很清楚知道，要改善山地部落的環境衛生，只有從公共衛生教育著手，才能收到事半功倍的效果。

於是她挽起衣袖，帶領花蓮門諾醫院社區保健科的一群弱女子，在山地挖排水溝、建造公共廁所，教導居民如何處理垃圾。另一方面，她也寫信向國外的親朋好友籌募基金，用來改善家戶環境衛生和家庭計畫。當她發現酗酒不但導致原住民的家庭生活陷入困境，也造成極高的意外傷害比率時，她就利用每個禮拜天和休假日，到山上去和牧師、村里幹事共同推動戒酒運動，希望藉信仰力量幫助原住民戒酒，而馬遠村的村民就是因這樣受到感動，由頭目帶領全村的村民戒了酒，村民們還利用節省下來的買酒錢，蓋了一座教會。

魏海蓮也率先在一九七三年開始，在花蓮開辦「居家照顧」服務，幫助出院後半身癱瘓、需放置導尿管或胃管的病人做居家護理。一九八一年，她成立了國內第一個「戒酒無名會」，為患有酒癮的家庭提供輔導諮詢。此外，每次她搭乘火車，若是聞到火車上有菸味，她一定找出吸菸者，百般規勸吸菸的民眾，讓他們知道吸菸有害健康，講到對方停止抽菸才罷休。被邀請去參加宴席時，若是同桌有人飲酒，她也一樣會要求對方不要喝酒。

魏海蓮將所有的時間和有限的生活費，都用來奉獻給上帝和幫助病人，自己生活卻是相當儉樸。家中除了冰箱、床、椅，別無長物。當她決定退休返回加拿大時，門諾醫院有幾個同事收到她轉送的家用物品，才發現魏海蓮平日使用且珍視的「寶貝」，在外人眼裡，根本是早該丟棄的破舊物品：梳子上的梳齒早已斷落大半，電扇也老舊得幾乎吹不動，床單則是美援麵粉袋改製而成。

不僅如此，她總是盡量廢物利用，例如將破絲襪編成踏腳墊，送給醫院使用；將碎布縫成棉被，讓醫院裡不得溫飽的孩童有被子可蓋；或者是收集泡棉作成靠墊，送給在家臥床的病人，減少褥瘡發生，讓病人在家也能享受細心的照護。她這樣的心態，就像關山療養院的饒修女最常掛在嘴邊的一句名言：「還能用，為什麼要換新的？這不是很浪費嗎？」

二〇〇三年一月二十一日，魏海蓮在加拿大安息，享年七十八歲。目前在花蓮門諾醫院的門口，有個水池叫做「海蓮池」，就是為了紀念她而命名的。

11

讓孤苦無依的人有家可歸——乞丐之父施乾

每當談起人道主義，最為大眾所津津樂道的，總是離不開去非洲的史懷哲博士，以及歸化印度籍的德蕾莎修女，他們因為先後得到「諾貝爾和平獎」而享譽全世界。他們的故事不僅在世界各地被人傳頌，也被許多國家列入教科書當作教材使用。

而在台灣的台北淡水，有兩座紀念銅像，一座是著名的馬偕牧師，另一座位於淡水國小圍牆邊，是台灣第一位人道主義者，可惜的是很少人認識他，這座銅像就是在艋舺創辦「愛愛寮」的施乾先生，也被稱為「乞丐之父」，因為他從收留乞丐開始，直到後來建造「愛愛寮」，不僅收容乞丐，也收容孤兒和寡婦，投入全部力量來關心當時社會這群最卑微的弱勢之人。

施乾是一八九九年出生於台北淡水，畢業於「台北工業學校」，也就是今天的

「台北科技大學」。因為畢業時成績相當優異，隨即被日本統治者延攬進入台灣總督府「殖產部商工課」當技術人員，在當時的人眼中，這是一份非常有榮譽的工作，而且待遇相當好。

三年後，在他二十二歲那年，他受命去調查艋舺地區的貧民，才發現艋舺地區竟然有那麼多乞丐，而且每個人的生活幾乎都陷於極為貧困、悲慘的狀態中。他內心突然生出一股強烈的惻隱之情，於是他想將大家所羨慕的總督府工作辭掉，獻出所有力量來幫助艋舺的乞丐們。他將這項決定告訴他的父母，卻得到非常激烈的反對，認為他的腦袋有問題。在他身邊的人當中，只有他的妻子謝惜女士全力支持他。

對於這項決定，施乾這樣說：「我願意自始至終以如此熱情勇往邁進，我深知利己之極必將變成利他，而利他的徹底將成為利己之理，只有如此，所有貧民、乞丐，才能被溫暖的手所拯救。」

有了妻子的全力支持，他們夫婦決定窮盡生命的力量，以「奉獻」的心情來進行這項終生的職志。施乾說：「只有這樣，才能把課本上所讀到的人道主義的理念，真實地實踐出來。」於是，在一九二三年、他二十四歲的那年，他變賣了所有家產，在艋舺「綠町」購買土地，創立了專門收容乞丐的「愛愛寮」收容所。後來，連他的女兒施明月、施美代都投入了照顧乞丐的工作中，可說是全家一起照顧乞丐，並協助他們脫離貧困的生活。

人的生存不僅是靠食物

最令人感動的地方，就是施乾不僅是收容乞丐而已，還全家人與乞丐生活在一起。他們最先教導乞丐們的，就是要怎樣潔淨身體，包括必須洗澡的觀念。施乾親身為這些乞丐清洗頭髮、抓虱子、防止虱子再生且傳染到別人的身上。他也請專門的師傅來教導乞丐們學習謀生的技能，像編織斗笠菜籃、製作竹器等等。

很快地，「愛愛寮」疼愛乞丐的名聲傳了出去，隨即就有許多被家庭遺棄的痲瘋病人、精神病患，以及抽鴉片上癮的社會邊緣人，陸續上門來求助。為了幫助這些人，他耗盡所有家產還是無法支撐下去，只好求助日本殖民政府，以及向一些商家和民間募捐。

有人開始討論，到底是什麼原因使施乾放棄了非常好的待遇和工作，而想去照顧社會上最貧困的乞丐呢？有人認為他是受到日本基督徒人道主義者「賀川豐彥」的影響。賀川豐彥被日本人稱為「貧民窟之王」，他發現自己的身體有病，便決定將剩下的生命投入服務貧民的工作中。他和神戶「新川貧民窟」的貧民一起生活，卻受到貧民的欺負和排擠，因為貧民們認為他之所以和他們一起生活，只是為了揭發貧民生活來當眾人的笑柄罷了。直到後來他們發現他是真的要幫助他們，才逐漸接納了他。

賀川豐彥在貧民窟生活期間，將每天所看見的事以及和貧民一起生活的體驗，詳細地記錄下來，寫成《貧民心理的研究》一書，讓更多人瞭解貧民的生活困境。他在書中一開始就這樣寫著：「自從我親身體驗了在貧民窟從早到晚的生活後，我確實意識到貧窮真的是令人難以忍受，在我思考並觀察貧窮對我們精神生活所產生的影響時，我覺得這真的是太悲慘了，簡直是難以形容。」

因此有一種說法，認為施乾是效法賀川豐彥的做法，將自己和乞丐一起生活的經驗寫出來，他在一九二五年出版的這本書，就是《乞丐社會的生活》。在書中，他有這樣的敘述：

現在我感到最痛苦的一件事，就是靠我一個人的力量，不可能妥善幫助所有乞丐們。我常因資金不足而陷入窮途末路，卻又不能坐視不管乞丐同胞們的精神和肉體飢餓的需要，我為此苦惱，也深感自己的有限而有很深的罪惡感。我只能專心祈禱，希望藉此獲得上帝的寬恕，若不如此，恐怕連自己的生存也會陷入困境而讓人看了更覺得難堪。

從這段話中就可清楚看出，施乾對上帝的祈求很清楚，就是希望上帝能伸手藉著他來幫助乞丐。在《乞丐社會的生活》這本書中，他也這樣說：「人沒有食物就不能生存，但僅有食物也不能生活。因此，有了食物還要乞求聖靈的引領，才能在衣食都足夠後而懂得禮節，使人的生命因此而飽足起來。」

施乾對幫助乞丐和貧窮人的看法，跟一般人很不一樣。他認為不僅是給予金錢的救濟，更要注重心靈的需要，因為在心靈上幫助他們成長，才能使他們走出自卑、自棄的生活態度。這使我想起耶穌所說的：「人的生存不僅是靠食物，而是靠上帝所說的每一句話。」★

為了張羅乞丐們的日常需要，施乾常要四處去向生意人或是親朋好友募款，所以

★馬太福音4章4節。

也有人嘲弄他說：「他收留乞丐，希望他們不要再繼續當乞丐，結果他自己卻變成『大乞丐』，要四處『討錢』！」

雖然有這樣的人存在，但還是有更多人被他想要「滅除乞丐」的努力所感動而願意幫助他。就像施乾的父親，在淡水經營建築木材行，其實很有本錢在經濟上支持施乾，但他無法原諒施乾去照顧乞丐的事，反而是施乾的叔叔被這樣的大愛所感動，主動去找施乾的父親談，之後，他的父親才願意出錢來幫助他。

感動日本天皇

有一天，日本有一位名叫「菊池寬」的作家到台灣來旅遊、訪問，他在台北街道行走的時候，發現街上竟然沒有任何乞丐的蹤影，甚為不解，認為這是不可能的事。因為台灣是日本的殖民地，而在日本首府的東京都處處有乞丐，被日本殖民的台灣首府台北市怎麼可能沒有乞丐？後來經過導遊的說明，他才知道原來所有的乞丐都被施乾收容到「愛愛寮」去了。於是他請人帶他去「愛愛寮」參觀、訪問，知道了施乾對「撲滅乞丐」這項工作的理想與投入。

當菊池寬結束在台灣的訪問、回到日本之後，就將他所看到的台北街景，以及參訪「愛愛寮」的實況心得，發表在日本銷售量最高的《朝日新聞》上，震撼、感動了許多日本讀者，其中包括了當時的日本天皇；他因為讀到菊池寬的報導而深受感動，並邀請施乾去日本皇宮，對他所做的這項社會關懷工作給予肯定，還命令台北總督府每年撥款三千日圓幫助「愛愛寮」。日本天皇對施乾的肯定和鼓勵，使得「愛愛寮」有了更充足的經費。

從日本回來後，施乾用這筆來自總督府的三千日圓捐助，購買了現在大理街的一片土地，並且擴建房舍，可以收容更多的乞丐和流浪漢，還增收了許多貧窮寡婦和孤兒。這項來自日本天皇的「賜金」補助，從一九二九年開始，一直到日本發動大東亞戰爭之後才停止，前後有十年的時間。

有人問施乾為什麼要做這些事？他說：「如果我們想要解決社會問題，就必須先從解決乞丐的事著手，因為乞丐乃是社會中『最下層的人民』，也是一個社會最基本的問題所在。一個社會若是有乞丐存在，就表示那個社會有問題。如果沒有從社會最下層的問題著手解決，上層的問題就會繼續擴大，社會問題只會逐年增加。」

一九二五年，施乾出版了第二本書《乞丐撲滅論》。幾年之後，在一九三二年，施乾的妻子謝惜女士因為照顧乞丐，積勞成疾而病逝，使他少了一位跟他一起打拼的好夥伴。但是，施乾沒有因為妻子過世而停止照顧乞丐、孤兒、寡婦和痲瘋病人的工作，雖然少了一人、工作負擔加重，他還是繼續推動他照顧孤苦貧困者的理想，並且持續寫文章刊登在報紙上。

自從「愛愛寮」設立之後，越來越多的乞丐湧進來。有許多乞丐是吃過了飯就離開的，也有人是真的留了下來。施乾並不會阻止那些離開的人在肚子餓的時候又回來，他說那些人就是因為乞討不到錢，或是討來的錢不夠買食物吃，才會回來，既然如此，就要讓他吃飽。因為一個人若連肚子都吃不飽，談其它的事也不會有意義了。施乾認為先填飽肚子之後，才能進一步進行教導的工作。

「愛愛寮」的存在，就是要讓乞丐沒有餓肚子的威脅，再來教導他們學得一技之長，這樣就可以避免再次淪為乞丐的惡性循環。

承接施乾的理想

當時，菊池寬所寫的關於施乾善舉的文章，同時感動了一位住在日本京都的女性

「清水照子」。她畢業於京都第二高女，父親有貴族背景。清水照子從《朝日新聞》上看到菊池寬的報導之後，相當感動，就寫信給施乾，表示想要來台灣訪問他，施乾回信表示非常歡迎。

就這樣，信件一來一往，後來清水照子就排除所有困難，自己搭船來台北拜訪施乾，並在參訪「愛愛寮」之後，表達了自己的愛慕之心。然而，清水照子的父母堅持反對，這是可以理解的，因為在日本貴族的眼中，台灣屬於殖民地，位階低了不只一級，加上如果施乾還在總督府工作，那還說得過去，但他的工作卻是「乞丐王」，是在照顧乞丐的，地位就更不用說了。即使如此，清水照子仍然堅持她對施乾的傾慕。

於是在一九三四年，施乾專程去日本京都和清水照子會合，兩個人在「賀茂神社」舉行結婚典禮，之後隨即返回台北。但這件婚事一直無法取得女方父母的接納。後來第二次大戰之後，國民黨政府遣返所有在台灣的日本人，清水照子選擇留下來，繼續在「愛愛寮」照顧一百多個乞丐、孤兒、寡婦，以及一群痲瘋病人，不再回去日本。為此，她也做了個重要決定，就是改姓「施」，成為「施照子」，從此正式成為一個真正的台灣人。

一九四四年九月二十四日，施乾因為腦溢血去世，年僅四十五歲。施照子接下整個愛愛寮的工作。

其實，我們可以這樣理解施照子的想法：看見別人在做令人感動的偉大之事，如果自己也親自投入去做，感覺就會大不相同。因為理想是一回事，親自去做又是另一回事。

對於這種生命層次的轉變，施照子一定深有所感，因為她曾親身經歷過。在她不顧父母的強力反對而嫁給施乾之後，有好幾次難過到無法忍受，就獨自一人跑到火車鐵軌上想要尋短。但都因為聽到火車的氣笛聲音，又讓她清醒過來，她想到自己剛出生的幼兒，還有那樣多需要她幫忙照顧的人，又趕緊起來回去「愛愛寮」。

她一直沒有忘記自己的初衷，當初她願意來台灣嫁給身為鰥夫的施乾，為的就是全心全力協助施乾，照顧這些台灣最低階層的貧困乞丐與流浪漢。二〇〇一年十二月九日，完成自己任務的施照子女士，在台北和平醫院安息主懷。

最近舉辦的一次全國性本土教育研討會，與會的學者專家紛紛指出台灣教育問題之一，就是中小學本土教材嚴重不足。台灣社會之所以缺乏**對土地有愛**、**對貧困弱勢者有情**的原因，主要就是對本土人文素材認知嚴重缺乏，甚至有藐視本土歷史地理內涵的傾向，這才是學生品格教育出問題的癥結所在。

　　施乾這樣的善行，其實是可以媲美德蕾莎修女的。他所做的事，足以編成教材來教育我們的孩子，這不僅可以讓孩子們看到先人美好的腳蹤，還可以讓孩子們從現今尚存的「愛愛寮」學習到，任何人都可以投入接續照顧貧困者的行列，使我們的社會更添一份和諧與安寧。

12 奔走在聖功醫院的旋風醫生——方懷仁修女

住在南部地區，特別是在高雄市的人，都知道有一間相當出名的天主教醫院，名叫「聖功醫院」，在這之前，這所醫院名叫「樂仁」，而建造這所醫院的，是一位具有德國貴族血統的「方懷仁修女」。

方懷仁修女在一九一一年生於德國，父母都是虔誠的天主教徒。在父母的薰陶下，她從小就立志長大要當修女，而且要到亞洲地區傳福音。為了達到這個心願，她年輕時就遠渡重洋，到美國的喬治華盛頓大學醫學院讀書，接受了非常嚴謹的外科訓練。在取得外科醫師執照之後，她得知當時的中國在醫療衛生方面相當貧乏，便向美國的「聖功修女會」提出申請，申請通過後，她連故鄉都沒有回去，就直接隨著其他修女到心中所嚮往的亞洲，投入醫療服務與傳福音的工作。

初到中國的天津時，正逢中國和日本爆發戰爭，整個中國社會非常動盪不安，也因為戰爭的緣故，許多人民受傷。聖功修女會為了要照顧受到戰火波及的災民，就在天津開辦「樂仁醫院」醫治傷患。

第二次大戰結束後不久，爆發國共戰爭，中國東北首先被共產黨佔據，隨即下令驅逐所有外籍傳教師，並且關閉所有教會設立的學校和醫院。這樣一來，不只是許多天主教的教會、修院等機構被強制關閉，還有不少神父和修女受到迫害，甚至被抓進監獄。

因此，方懷仁修女和聖功修女會的其他修女們，在一九四八年做完最後一台彌撒後，便黯然撤退，搬遷到台灣的高雄來。一九四九年，她們找到高雄「愛河」旁邊的土地，將「樂仁醫院」在高雄復院，這也是天主教在台灣的第一所醫院，由方懷仁修女擔任創辦人。

「全包科」醫生

雖然方修女的專長是外科，但當時台灣的公共衛生與醫療資源都非常落後、匱乏，方修女可以說是「全包科」，也就是什麼科都看，這也是當時台灣社會普遍的醫療現象。因此，任何病人的疑難雜症，只要找上方修女，她便全部擔下來，為病患一一解決。

不知是不是方修女每次看病、開藥前，都會先祈禱的關係，病人都說：「方修女開的藥特別有效喔！」也因此，她的醫術與名聲很快地就在高雄地區傳開來，甚至整個南部地區都耳聞「樂仁醫院」有很好的醫師，什麼病都能得到醫治。因為這樣，樂仁醫院每天都擠滿了各種病人，大家扶老攜幼，前來看這位被稱為「阿督仔」的方懷仁修女。

那時，美國第七艦隊仍駐守在高雄港，只要有美軍生病，他們都知道樂仁醫院有會說英語的修女醫師，因此，都會將生病的軍人送來這裡找方修女診治。漸漸地，在高雄地區的醫院只要遇到外國人生病就醫，幾乎都會轉送到樂仁醫院來。

也因為這樣，來找方修女尋求醫治的人潮當中，常常可以看到達官貴人，但她並不會因為病人的社會地位或身分，就給他們特別待遇。因為她本身就出自貴族背景，更重要的是她很清楚信仰的生命態度，就是所有人都是上帝眼中的寶貝，所以她從不「大小眼」看待病人。真要說比較特別的，是她對於窮人、流浪漢，一向是來者不拒，並且給予最好的診治，若有付不起醫藥費用的病人，她會免費為他們醫治。

但是，早期物資缺乏，醫療用品十分有限，有時候有錢也未必買得到，因此，方修女常常為了醫治病患的需要，寫信回德國娘家求援。在她積極勸募下，一批批的醫療設備、藥品、生活用品、奶粉等物資，從德國、美國等地源源不斷地運抵高雄港；在所有這些「補給品」中，最引人注目的，就是造型新穎、設計先進的救護車——靠著這台救護車，方修女帶領身邊的幾位修女，跟著她跨出高雄地區，奔赴北部、中部進行義診。她每個禮拜有一至二次搭救護車遠赴北部的大溪、復興鄉、大園、汐止等地義診，而中部地區，她則選擇交通極度不便的南投縣信義鄉、仁愛鄉等山區，開著救護車翻山越嶺。

為了要幫助病患，她陸續於台南新營、高雄左營、台南麻豆、台北汐止、桃園大溪、高雄旗津等處設立分院或醫療服務站，幫助南北兩地的民眾。她經常忙得席不暇暖，甚至還特意省下午餐或晚餐的花費，留給三餐不繼的原住民，然後和其他修女忙到深夜，摸黑回到高雄的宿舍後，再以一碗簡單的白麵果腹。有些患者知道了覺得過意不去，之後看見方修女來義診時，便會帶來自家種的蘭花、蘿蔔、蕃薯、雞蛋等物品，送給方修女作為看病的報酬，而方修女也都歡喜地接受下來。

不分晝夜的診治

方修女確實很有德國人傳統的風格，做起事來是有板有眼、一絲不苟，加上她性子很急，說起來話來速度相當快，有時真的聽不懂她到底在講些什麼。但從她身上可看出全身都是幹勁，充滿著工作活力，因此，有時遇到病況比較麻煩的病人，她可以不分晝夜為病人診治。

她每天睡眠時間很少，為了能更容易地看診和照顧病人，她特地將寢室設在病房附近，她說：「這樣的話，只要病人有需要，我就可以不分晝夜，隨時起身。」不論是為產婦接生，或病人開急診刀，通常患者才抵院不到五分鐘，她已經穿戴好頭巾、罩衫，一身修女服，準備為患者施展救人身手。她最常說的一句話就是：「病人的安危常取決於瞬間，如果我不是動作這麼快，怎能去救這麼多病人呢？」

至今，老一輩的南部人都還記得，在高雄愛河畔的「樂仁醫院」裡，有一位腿腳雖短、走起路來卻快到像颳起一陣風似的修女醫師。如果有人看到一個嬌小身影從眼前經過，想要睜大眼睛看個清楚時，卻發現她早已走得不見人影，那準是方懷仁修女不會錯！因此，在樂仁醫院裡，大家都稱她為「旋風醫生」。

說到這裡，只要去高雄調查一下，就會知道如今年齡在四十五歲至七十歲之間的市民，有相當高的比率都是「樂仁寶寶」，都是方懷仁修女和她訓練出來的護理師親手接生出來的。

一九七八年，「樂仁醫院」在成立三十週年的前一年，遷移到高雄市建國一路，改名為「聖功醫院」。現在的「聖功醫院」也是高雄地區醫院中特別設有「安寧專區」的醫院，幫助許多病人可以安詳且毫無病痛地走完生命的旅程。在整個大高雄地區，該院可說是一間非常有基督宗教福音見證的醫院，對病人的體貼，以及對病人家屬的關懷，修女們都確實下了很大的心力。

一生辛苦忙碌、為病人服務的方懷仁修女，因為終日勞累過度，如今不僅體力大不如前，連健康也亮起紅燈。她花費將近三十年時間，和台灣人共同走過戰後最艱苦的歲月，親眼看見台灣本地醫療環境已經大幅改善，覺得自己的醫療傳道使命也可以告一段落了。她認為自己應該退下來，交給新生代的修女接手，於是決定在一九七七年退休。就這樣，她帶著病患與台灣工作夥伴們的不捨，回到德國家鄉靜養。

方懷仁修女所屬的「聖功修女會」是一個國際修會，在德國、巴西、美國、非洲奈米比亞、菲律賓，以及台灣，都可以看見這個修會的修女們的腳跡。目前該修會在台灣從事教育、醫療與社會慈善等服務。在高雄有「聖功醫院」，台南有「聖功女中」，新營和高雄各有「樂仁幼稚園」，高雄還有「康達家園」，專門收容那些被家庭拋棄、失去照顧的少女，以及「單親服務中心」，服務那些單親的媽媽、爸爸，以及小孩。

在這些機構中，除了有專業的社工師外，更重要的是修女們的愛心陪伴，讓這些人能夠恢復自信與尊嚴，並從修女身上找回生命的意義，這也是方懷仁修女一直想傳達的重要精神，值得我們永遠感念。

13

疼愛雲林人的畢阿公——畢耀遠神父

住在雲林，特別是住在虎尾的人，都會知道有一間天主教設立的「聖若瑟醫院」，這是來自荷蘭的「畢耀遠神父」（Fr. Pierrot）所創辦的一所平民醫院。

畢耀遠神父是在一九二三年出生於荷蘭。他在小學三年級時，曾讀到有一位荷蘭籍的神父寫有關他到中國傳福音的故事，說了東方世界的各種趣聞，他深受那個故事所感動，就立志說：「有這麼一天，我也要到中國去服務，要親身體驗中國和西方世界的差異。」

後來他到台灣傳福音時，在國小學生課本中看到一篇故事，敘述一個荷蘭的小孩子很偉大，他看見海邊的堤防有個小缺口，為了避免海邊堤防潰堤，就很勇敢地以自己的手堵住堤防的缺口，一直等到村莊裡的人發現了，這小孩子才放下手來。畢神父說，這真是上蒼特別給的「牽線」，讓他在荷蘭聽到中國的故事，到台灣聽到自己故鄉荷蘭的故事。

高中畢業後，他到比利時魯汶大學去讀哲學，之後又進入神學院研讀，然後在一九五二年晉鐸為耶穌會的神父。無論哪一個修會團體，只要加入修會的人發「終生願」，就表示要終生奉行「服從、貞潔、神貧」這三項，這也是成為一個神父必經的過程。畢耀遠神父晉鐸之後，為了完成這個「終生願」，他希望差會能派他到台灣來。果然，差會接受了他的申請，如他所願地派他來台灣當宣教師。一九五三年十二月八日，他搭乘貨船，從義大利米蘭的熱那亞港出發，途經數個國家上貨卸貨，終於在一九五四年的二月二日抵達台灣的基隆港。

只要稍微注意一下，我們就會發現耶穌會在訓練神父的工作上非常特別，幾乎個個都是飽學之士。但他們學問雖高，卻不會像有些人那樣自視很高且驕傲起來，他們完全不會，反而非常謙卑，而且甘願放下身段，去服務社會上最容易被疏忽的對象。這也是耶穌會訓練上很特別的地方，很多耶穌會神父都是走向最貧窮的地方，去服務最脆弱的族群。

畢耀遠神父和後來與他一起在聖若瑟醫院當院長的「松喬神父」，都受「雷鳴遠神父」（Fr. Vincent Lebbe）的影響甚深，雷神父就說過這樣的話：「如果我要保留歐洲的特色，我將只是一具行屍走肉。我們無法認識人，除非成為他們當中的一個。」雷鳴遠神父主張「全犧牲、真愛人、常喜樂」，這也是「雷鳴遠服務團」所奉行的精神，它們的意義分別是：

全犧牲：意思是指完全地捨棄自我，連人們最渴慕的歐洲生活和國籍都放棄，做到完全地犧牲，如同耶穌展現徹底的犧牲一樣，捨棄自己，完全為別人。

真愛人：這是靈修生活的中心，因為真愛一定會有犧牲。真正為對方著想，提供純然的服務；不做表面功夫，也不求任何回報，是無條件的愛，無論對方是不是教友，沒有任何預設的立場。

常喜樂：只有在上述兩個要件達到之後，才會有「常喜樂」的心出現在每天的工作中。

「正直」的好醫院

當畢神父來到嘉義教區就任後，發現這個教區範圍甚廣，包括了雲林、嘉南地區。他一到這裡，就發現雲林地區沒有任何可讓居民安心就醫的醫院，而當時的雲林人若是生病，真的很辛苦，單單是交通就要花去很長的時間，到嘉義的「省立醫院」或是到「彰化基督教醫院」就醫。

因此，到了嘉義教區的隔年，也就是一九五五年，畢神父就開始投入設立「聖若瑟醫院」的籌備工作。就這樣，從籌備醫院到他年老放下醫院的工作，他在這個教區待了六十五年時間，其中有長達十七年是住在醫院裡一間和病房一樣的房舍中，直到一九七二年，醫院蓋了大樓，有更多的員工宿舍時，才改變這種擠在狹小房間中生活的狀態。

為了要籌設「聖若瑟醫院」，畢神父很多次特地到美國去募款，使醫院很快就建立起來。會取名「聖若瑟」，是因為若瑟（基督教稱之為「約瑟」）是耶穌的養父，是一個住在拿撒勒（納匝肋）鄉下地方的木匠。聖經中關於若瑟的記事不多，他幾乎沒有說過什麼話，但可以知道他是個「正直」的好人，盡忠職守地將所生養的子女都養育長大。醫院取名「聖若瑟」也有這種用意，期許它能在鄉下地方，成為一間人人口中非常「正直」的好醫院，也是一間會知道鄉下貧困人家痛苦的醫院。

醫院在一九五五年啟用，當時醫護人員非常少，只有兩位內科和婦產科醫師、兩位護士，以及十位對護理工作並不是很熟悉的修女。而畢耀遠神父並不是擔任院長，他讓松喬神父當院長，自己除了擔任副院長外，也同時兼負總務主任的工作。

就像醫院同仁所說的，所謂的「總務主任」，其實就是打雜的，舉凡機器、設備，包括員工宿舍門窗等等有任何毀損，並不是找師傅來修，都是畢神父自己親手修繕。最特別的地方，是畢神父也協助藥房工作，他說自己的父親是醫師，他年輕時常在父親的診所裡協助藥房的工作，他說醫院剛開始的時候，規模很小，藥品也不多，藥房的工作也就不會很複雜。

剛開始時，醫院的規模真的非常小，只有八張病床而已。但讓人感動的，就是為了要照顧住院的病人，當院長的松喬神父和副院長的畢耀遠神父，就在醫院和病房邊設立兩間小房間，都是和病房一樣大小，小小房間裡只有一張床、一張桌子，這就是他們的宿舍，也是辦公室。「這樣夠了，能用就要滿足。」畢神父說：「要睡覺時，就把床鋪上的物品放在桌子上；要工作時，就將桌子上的物品移放在床鋪上。」

雖然畢神父不是醫療工作者，但他每天晚餐之後，一定會去病房巡視病人，並和病人的家屬聊天、話家常。每天清晨起床靈修之後，也是一樣，醫師還沒有去查房，他已經先去探望過病人和家屬了，有時是關心病情，有時就簡單地問他們昨晚是否睡得安穩。

絕大多數的雲林人都是農民，因為畢神父的愛，他們並不在意病房的狹小，只感受到滿滿的溫馨，有些病人甚至說出這樣的話來：「如果所有醫院都能像這家醫院的神父那樣親切，就算沒有醫生，病也會好一半。」就這樣，畢神父成為虎尾和鄰近鄉鎮居民生命中無法忘懷的「大善人」。

從「阿督仔」到「畢阿公」

因為醫院的人力不足，畢神父經常自己當救護車的司機，不管是去緊急救助，或是送出院的病人回家，往往都是他開救護車接送。這樣的工作看起來沒有什麼，卻也有讓畢耀遠神父特別感受的事，那就是台灣人的民情和習俗——希望能在自己家裡壽終正寢。他說很多病人都希望能留下一口氣，回到家裡才安心。也因為這樣，不論多麼痛苦、危急，家屬都會要求讓病人回到家裡安息。有時實在很困難，眼看就是不行了，家屬也是一再這樣要求。

畢神父說，為了這個緣故，他常常開救護車送這樣的病人回家，有的病人家裡離醫院很遠，路又不好走，他還是努力用飛車奔馳的速度，開著救護車送垂危的病人回家。他說有一次送一位病人回到台南老家，還沒有進入家門，就看見病人已經斷氣了，嚇得他不知道該怎樣對病人家屬說安慰的話才好，這時，有一位看起來像是長輩的老婦人走了出來，摸摸病人的脈搏，說：「還沒有死，趕快！」就這麼簡單的一句話，在家裡等候的親人立刻動起來，趕忙著扛病人進入家裡大廳。他拿回擔架放進車子之後，才慢慢地開回醫院，一路上心都跳得很厲害！

此外畢神父也感嘆說，好多時候，他護送這種垂危的病人回家，雖然路途並不遙遠，但因為鄉間道路的路面不平，一路上顛簸不斷，他經常在車上聽到垂危病人哀嚎、痛苦的叫聲，讓他的心更加痛苦。他常這樣想：這種不正確的生命觀，不但沒有幫助病人安心地結束世上的旅程，更多時候是在折磨病人。也因為這緣故，畢神父看見入院病人的生命跡象不佳時，就會設法和病人家屬談到「何處不可為家？」這種生命問題，希望病人家屬會讓病人在醫院吐完最後一口氣。可惜的是，勸說的效果並不是很好。

他知道雲林有不少人經濟上很困難，因此，他在醫院裡存著一筆經費，專門用來幫助那些困苦的病人。但這筆錢他用得很小心，就像我們常說的「把錢用在刀口上」，每當有病人住院，他會進行家庭探訪，他說只要看看病人家裡的廚房，大概就知道病人的家庭經濟狀況，若是還在燒甘蔗尾、樹枝的，這種病人就是真的生活困苦，不用病人提出任何證明，他也會設法給予幫助。

畢神父說他最困難的地方，就是語言。雖然他很盡力學台語，還是感到相當困難，連好不容易學會的華語也說得不怎麼樣。但因為他對雲林人的愛，使自以為有語言障礙的他，打破了這種人與人之間的牆。雲林人一開始叫他「阿督仔」，後來改成「畢叔叔」，進而叫他「畢爺爺」，到最後的「畢阿公」。經常有住過院而痊癒的病人，雖然已經外出工作多年，每當返鄉回雲林省親時，都會特地去虎尾看看這位如同自己父親的畢耀遠神父。

從一九五四年二月來到台灣，到今年二〇一八年，畢神父在台灣已超過六十四年時間。今年九十六歲的他，經常有人會問他是否要回荷蘭，而他總是這樣回答：「為什麼要回荷蘭？台灣就是我的故鄉啊！」這句話也幾乎是所有外籍神父在台灣奉獻一生的寫照，他們是真真正正的「台灣人」。

＊本文資料由虎尾聖若瑟醫院提供。

14

台灣痳瘋病治療之父——戴仁壽醫師

過去，台灣曾有過很嚴重的痳瘋病問題。這一代的年輕人會知道痳瘋病，可能是因為「樂生療養院」被政府徵收土地作為開闢捷運之用，讓許多年輕子弟開始去瞭解這個日治時代的可怕疾病。但甚少人會注意到，最早投入全部精神和能力去關心台灣痳瘋病醫療工作的，是一位由英國宣道會差派而來、名叫「戴仁壽」的醫師。

戴仁壽醫師（Dr. George Gushue Taylor）於一八八三年十二月六日，出生在加拿大東部的紐芬蘭島（New Found Land）一個叫「羅巴斯灣」（Bay Roberts）的小漁村。父親是衛理公會的「巡迴牧師」★，戴仁壽醫師出生時，剛好父親在島上舉辦佈道會，

★沒有在固定的教會牧會，而是要四處去幫助沒有傳道者的弱小教會的牧師。

他父母都認為這是上帝特別的賞賜，因此，他從小就被教導將來要跟父親一樣成為牧師，四處去傳福音。這種觀念在十八、十九世紀的歐洲非常興旺，幾乎每個基督徒家庭都會鼓勵孩子當傳道者，到貧困地區傳福音。如果有青年獻身當傳道，有些教會會在禮拜堂的屋簷上掛燈，只要看屋簷上掛幾個燈，就知道該教會出了幾個傳道者。有的教會則是用一小片銅牌鑲在禮拜堂內的牆壁上，寫上傳道者的名字以及到哪個地方傳福音的簡單記錄。

在戴仁壽醫師十歲的時候，父親因為積勞成疾，獲得教會准許休養兩年時間。這段期間，他父親經常讀書，特別是讀一些宣教師到世界各地傳福音的記錄。他父親常叫年幼的戴仁壽坐在床邊，有時是在書房裡，然後把故事一篇一篇地讀給他聽，於是，這些在外國傳福音的精彩故事便在他心中留下了深刻的記憶。

真正影響戴仁壽醫師後來決定去行醫的，是同樣發生在他十歲那年的一件事。有一天，一位醫師（同時也是宣教師）正好看見小戴仁壽在路邊玩耍，就問他要不要搭乘自己的馬車，小戴仁壽高興地答應了。這位醫生要到羅巴斯灣為孩童打牛痘疫苗，但當時加拿大正在流行天花，路上到處都是警告用的告示牌，小戴仁壽就問醫生怕不怕被傳染。這位醫生告訴他說：「我經常洗手，保持雙手乾淨。所以不會害怕。」

小戴仁壽聽到「只要常洗手」就不用害怕傳染病，這是多麼簡單的事啊！於是他小小的心靈產生了極大的變化，他隨即問這位醫生：「我將來也可以跟你一樣當個不怕傳染病的醫生嗎？」醫生回答他說：「當然可以，而且可以幫助很多人得到醫治。」當天黃昏他回到家，馬上跟母親說他將來想要當「宣教的醫生，這樣既可醫治人的病，也可以傳福音」。他的母親聽了非常感動。

在母親的鼓舞下，戴仁壽醫師堅定了將來要投入醫療傳道的願景，而格利菲博士（Dr. Wiffred Thomason Grenfell）的一番話，更是大大堅定了戴仁壽醫師的信念。這位從倫敦遷居到羅巴斯灣這個小村落的格利菲博士，是當時英國相當有名的外科醫師，他一再告訴這裡的居民，不能以住在一個如同世外桃源的地方而滿足，每個人都領受過上帝賞賜的恩典，領受越多的人，對偏遠地區貧困民眾的負擔要越重，這樣才能回應上帝的愛。他說：「上帝的愛，不是用來滿足我們自己的需要，**而是要與需要的人一起分享**。」

格利菲醫師說很多人都懷疑他，認為他是英國出名的外科醫師，怎會想要搬到這種小村落呢？他說，這是因為有一次他在倫敦參加美國著名佈道家慕迪（Dwight L. Moody）的佈道會，深受感動而加入了醫療傳道的行列。他創辦「醫療船」到各地偏遠村落去服務，在一八九二年來到紐芬蘭的一個小漁村「拉不拉多」（Labrador），發現那是被英國政府所疏忽的貧困村落，因此他決定居住下來，透過醫療去改善村民的生活和醫療衛生。他組織漁民成立漁會，也聘請有手藝的人到那裡教導漁民在空閒時做手工藝品，再用自己的人脈將漁民的手藝品賣出去，改善漁民的經濟生活。他說：「我確信這是上帝要我善用祂賞賜在我身上的才能，吩咐我去做的工作。」

格利菲博士的這番話，大大鼓勵了戴醫師正在逐漸長大的心靈，他第一個想到的就是：「有這麼一天，我也要像格利菲博士一樣，到需要我幫助的偏遠地方，為貧困的人奉獻上帝賞賜給我的才能和知識。」

我來看、我來聽、我來學習

戴仁壽醫師後來進入衛理中學就讀，以優秀成績畢業後，在一九〇一年進入倫敦大學，後來又進入該校聞名醫界的醫學院就讀。因為父親的收入不足以提供就讀醫學院的費用，他先休學去打工，賺了足夠第一年的註冊費之後才回來念書，接下來，因為他的成績相當優異，每學年都獲得學校的獎學金。

在醫學院就讀期間，他曾到巴拿都孤兒院（Barnardo）去當志工，那時他的心裡一直有個問題：「為什麼會有孤兒出現？」他又想起中學時代聽到格利菲博士的那番話，因此，他利用課餘時間走訪倫敦的貧民窟，去了一次又一次，每次去心裡都這樣告訴自己：「我來看、我來聽、我來學習。」這也是後來戴醫師來到台灣之後所抱持的心境。也因為他在孤兒院當志工，所以認識了在該院當護士、後來與他結婚的瑪嘉麗・米勒小姐（Miss Margery Miller）。

一九〇七年七月，他順利完成倫敦大學醫學院的課程，並且在接下來兩年陸續通過家醫科、婦產科、內科、外科的醫師執照考試。這些資歷都在說明戴醫師若是留在英國，會成為一位很有名望且有成就的醫療工作者。但他一直謹記自己的志向與他向上帝許過的願。此時，他的妻子提醒他說：「這該是我們用來感謝上帝賞賜的愛的時候了。」

一九一一年秋天，台南的新樓醫院寫信到英國宣道會，說新樓醫院急需一位醫師來幫助該院的馬雅各二世醫師（Dr. James Laidlaw Maxwell Jr.），因為病人越來越多，亟需人手協助。

戴醫師聽到這消息之後，認為這是上帝給他的使命，他馬上和妻子分享，夫妻兩人都非常高興上帝垂聽了他們的祈禱。因此，他們趕緊提出申請，希望能到台灣的台南來做醫療服務的工作。就這樣，在一九一一年九月十九日，英國宣道會在倫敦為戴醫師舉行差派禮拜，派他到台灣來服務。同年十一月十五日，他們離開倫敦，到法國馬賽港（Marseilles）搭船，於年底抵達台灣。

戴仁壽醫師夫婦抵達台南後，才發現這是跟倫敦完全不一樣的世界，除了語言、文化、氣候等的差異外，最讓他們感到震撼的，莫過於婦女纏著小腳，以及重男輕女的觀念，他們甚至親眼目睹有女嬰被棄置街頭、無人理會、任其死亡，這樣的社會和環境讓他們簡直無法想像。

一九一二年初，戴醫師開始在新樓醫院看診，當他第一次看見痲瘋病人時，那種震驚真是非同小可，許多醫院助手告訴他台灣人認為痲瘋病是無法治癒的天譴，更是讓他無法想像。因為在他的看法裡，痲瘋病也是一般的病症，是可以治癒的。因此，他開始思考要怎樣幫助痲瘋病人得到最好的醫治。

戴醫師用很短的時間學會了台語，他也利用當時教會教導信徒用的羅馬拼音來編寫教材，作為訓練本地醫療人員之用。這是戴醫師非常有遠見的地方。他和幾位宣教師合作編寫的第一本教科書，就是《內外科看護學》。書中的專有名詞是以漢文和英文呈現，一些人體圖都是戴醫師親手畫的。這本書在一九一七年出版，後來成為彰化基督教醫院、馬偕基督教醫院護理班的教科書。

一九一八年，也就是戴醫師夫婦來台灣第七年，因為夫人瑪嘉麗的身體欠佳，因此，他們申請返回英國瑪嘉麗原本任職的巴拿都孤兒院，算是休息，瑪嘉麗照顧那裡的孤兒，戴醫師則利用那段期間繼續進行他的「博士後研究」。一九二〇年，他獲得「英國皇家外科院士」的資格，在倫敦大學醫學院擔任教職。

幫助痲瘋病人得潔淨

一九一二年，位於台北雙連地區的馬偕紀念醫院落成啟用，但經過七年時間，就因為經費不足、藥品短缺、醫護人員欠缺等因素而被迫暫停關閉。加拿大長老教會原本差派一位醫師、一位護理師來台灣重新開業，但他們還沒有開始，就因為水土不服、健康狀況不佳，先後返回加拿大。

此時，加拿大宣道會聽到戴醫師已經完成在英國的進修，又知道他們夫婦曾在台南的新樓醫院工作長達八年，說得一口流利的台語，還出版過一本教科書，認為這是非常難得的人才，便寫信召喚他來台北接下馬偕醫院。戴醫師接到信後，隨即答應下來，這就是他所說的，上帝賞賜給他所有的才能，就是為了要去幫助貧困地區人們的需要。於是，在一九二三年，他們從英國倫敦接受加拿大長老教會教士會的差派，再次由英國出發前來台灣。

戴仁壽醫師夫婦一直關心著台灣的痲瘋病，因此，在前往台灣的途中，他們特地去印度訪問痲瘋病專家「梅爾博士」（Dr. Ernest Muir），和他討論治療的方法。他得知梅爾博士是用「大楓子油」作為治療的藥品，且效果顯著，便買了二十瓶帶回台灣。他也去參訪梅爾博士所設立的痲瘋療養院，發現他給病人的環境是非常舒適的居家型態，讓病人在療養院中也有可耕種的田地，生產蔬菜、水果、稻米等農作物，使病人可以自給自足，這對戴醫師夫婦有很大的啟示作用。

一九二三年，戴仁壽醫師回到台灣，台北的馬偕醫院也重新啟用。他不但整理醫院、更新設備，也招募新的護理人員，親自訓練他們成為最好的幫助者，就像他之前在新樓醫院所做的一樣。但更重要的，就是他也在台北馬偕醫院接納痲瘋病人看診。因為他的醫術和對痲瘋病人的親切關懷，這消息很快就傳出。不到一年時間，病人從原本的每禮拜三十名，增加到每禮拜九十名。

但也因為這樣，引起雙連地區的居民擔憂、不安起來。因為當時台灣社會對痲瘋病的認知還停留在「天譴」、「天咒」的氛圍中，不但親人遠離，社會大眾都想要遠避，不敢接近。但戴醫師很清楚耶穌在〈馬太福音〉中的教導，就是他揀選了十二個門徒，差遣他們出去傳福音時，給他們特別能力，要他們**幫助痲瘋病人得潔淨**。戴醫師認為自己是為了幫助痛苦的人才去學醫，也因為自己的所學專長可以幫助痲瘋病人得醫治，所以，雖然當地民眾怨聲頻頻傳出，他仍然呼籲教會要出來協助照顧這些痲瘋病人，讓病人感受到耶穌的愛。

為了讓來馬偕醫院看病的病患可以安心，戴醫師買下醫院對面雙連教會的舊禮拜堂，當作「痲瘋病特別門診區」，還用磚牆圍起來，以免社區民眾干擾。直到一九二八年，就診人數已超過五千三百人，而且持續增加中。不但如此，戴醫師還將他從印度帶回來的「大楓子油」加以研究，把原本的藥膏研發成可以注射用。就這樣，逐漸將痲瘋病的病況給控制下來。他告訴醫院的所有工作者，接觸個案後一定要記得用肥皂多洗手，若感覺身體有異狀，馬上就進行檢查。

有人看見戴醫師原本是個很優秀的外科醫師，後來卻全心全力投入治療痲瘋病的工作，就問他原因。戴醫師這樣說：「**我一面拿著手術刀，一面讀聖經**。〈馬太福音〉

第八章記載耶穌治好了那位嚴重的痲瘋病人，我就立志要將痲瘋病消滅。」

樂山療養院的由來

讓戴仁壽醫師想到要建造一個收容所，讓這些痲瘋病人居住，是因為有一天從士林來了個病患，他對戴醫師說：「你能不能在診所這裡隔個小房間給我住？」戴醫師說：「你有兒子、有房子，為什麼要住診所？」這個病人說：「我兒子在家裡院子蓋了一間草寮給我住，但年久失修，破爛不堪，每當下雨都會漏水，沒有辦法睡覺。也沒有人願意來幫我修理破漏的房子。」

就是因為這段話，使他想起在印度看見梅爾博士設立的「痲瘋病人之家」，有庭院、果園、菜園等，讓這些病人可以聚在一起生活和工作。他預估當時全台灣大約有超過四千名痲瘋病人，因此，他將這個構想寫了一份計畫書，送給當時的總督上山滿之進，希望能建造一所可收容約兩百名病患的痲瘋病療養院。上山滿之進總督看了計畫書之後，非常感動，答應給予必要的幫忙和支持。

一九二八年四月，戴醫師在「新莊街頂坡角、迴龍的山坡地」找到一大片很好的土地，非常適合當作痲瘋病人的療養院，就透過當時的教會鼓勵信徒奉獻，日本總督府也對此表示鼓勵。這件事經報紙報導出來後，台灣人組成的文化協會開始寫文章抨擊，認為日本政府不應該將痲瘋病人的照顧工作丟給一個外國宣教師來負責，還讓這位外國宣教師四處去募款。

這樣的評論不停地出現，導致隔年的一月二十五日，新任的衛生部長奧田達郎要戴仁壽醫師帶他去察看預定在新莊設立的療養院所在地。戴醫師原本以為察看之後，日本總督府就會撥出經費協助蓋療養院，沒有想到奧田達郎竟然跟戴醫師說：「這地點很適合蓋痲瘋病醫院，但日本政府決定徵收這片土地，由日本政府來建造痲瘋病醫院，你另外去找地方吧，日本政府會協助你。」

這讓戴醫師相當生氣，認為日本總督府簡直就是在搶人民的土地。不過，他後來冷靜想想，認為這樣也好，表示日本政府也開始重視痲瘋病人的需要，因此，他將原本購買的土地轉讓給日本總督府衛生部。同時他也認為台灣還有很多痲瘋病人需要照顧，所以他繼續尋找適合的地點，要蓋一間理想的痲瘋病療養院。

一九二九年八月十五日，戴醫師和好友明有德牧師從淡水搭乘渡輪到對面的八里，下船後往觀音山走去。在夕照時分，從觀音山麓眺望淡水河，看見許多白鷺鷥棲息在河邊的紅樹林，景色簡直是美到極點。他突然想到，若是能在這裡建造療養院，一定很適合痲瘋病人在這裡安養。於是，他決定在八里購買土地作為療養院，並且取名「樂山園」，這就是今天「樂山療養院」的由來。

但當這消息放出來之後，淡水和八里的居民都強力反對，理由當然都是怕被傳染。這讓日本總督府相當不高興，但兩地居民仍然一再拒絕，淡水居民甚至說這樣會嚇跑觀光客。最後是總督府堅持到底，保證絕對負起「不讓病患流出」的責任，這才平息了兩地居民的擔憂。

值得注意的是，日本政府強制徵收了樂生療養院後，通令所有地方衛生所，若有痲瘋病患就要送去樂生療養院。但大家還是喜歡到樂山療養院去，這點從一九三四年開辦後，樂山收容的病患一直比樂生多，就可看出大家對教會在醫療上的信心。樂山的院民越來越多，是因為樂山療養院不會感覺是給「特別的人」居住的地方，而樂生療養院卻有圍牆和鐵絲網區隔起來。

戴醫師夫婦很清楚，設立痲瘋病療養院，主要用意是要讓病人也可以過和一般人相同的健康生活，對自己的生命產生信心。因此，他們特地聘請一位名叫郭水龍的牧師跟院民一起生活，帶他們每天過靈修的生活，也在院內組成樂團、詩班。不但這樣，更令人感佩的，是戴醫師夫婦後來也遷進樂山療養院去居住。這也是後來戴醫師會被稱為「台灣痲瘋病治療之父」的原因。

後來因為日本發動戰爭，日本政府在一九四〇年十一月三十日勒令戴仁壽醫師夫婦離開台灣，他們只好將六十七名院民移交給日本政府，回去加拿大。後來樂山療養院被日本徵收當作儲存戰爭物資之處，院民都遷移到松山精神療養院。

戰後，國民黨政府來到台灣，推行「耕者有其田」、「三七五減租」等政策，明有德牧師聽到樂山療養院的土地可能因此被政府徵收去，便通知已經返回加拿大的戴醫師趕緊回來處理，才保住了原本購買的整片土地。

如今，因為痲瘋病症已經能醫治痊癒，「樂山療養院」就改為「教養院」，收容了接近兩百名身心有障礙的人，幫助他們獲得安心的生活。

15 讓心智障礙的孩子抬起頭來——甘惠忠神父

我們真的該感謝許多外籍宣教師在第二次世界大戰後來到台灣，投入一生最精華的時間和生命之力，照顧台灣社會身心有障礙的弱勢者。現在我們要來認識一位在台灣創辦「特殊教育」的領航者——甘惠忠神父（Fr. Brendan O'Connell），因為有他，才開啟了教育單位重視這些身心有異樣的孩子，使這些孩子也能接受完整的教育。

甘惠忠神父是在一九三六年二月二十八日生於美國紐約市，來自一個非常虔誠的天主教家庭，他從小就有個心願，就是獻身到外國去傳福音。中學時代，他加入了美國天主教「瑪利諾會」，完成大學課程之後，就進入修會研習，在二十七歲時晉升為神父。也是在同一年，他被瑪利諾會的「外方傳道會」差派到台灣。

非常特別的，是他到達台灣後，是先學習客家語，之後就被派到苗栗縣泰安鄉泰雅爾族的山區部落去服務。當他走入苗栗泰安山區時，不但發現泰雅爾族的原住民普遍非常貧窮，還看到許多家庭都有遲緩兒。身為這種孩子的父母，他們身上背負著無法言說的傷痛。

對甘神父來說，這種狀況一點也不陌生，因為他的二妹在出生後就被確診為「唐氏症」，而當年的美國，特殊教育也才剛開始發展。他妹妹六歲時，想到公立小學申請就讀「啟智班」，同時卻有三百多位遲緩兒也在苦苦等著入學。妹妹的症狀是媽媽最大的心痛，他很快就感受到擁有遲緩兒孩子的父母，心中是多麼痛苦。

也因為這樣，當他看到泰雅爾族的這些情況時，特別感同身受。他發現，台灣的許多家庭有了這種孩子後，父母往往因為自責和絕望，而把孩子和外界隔離起來，有的甚至打算放棄孩子的生命。他也發現有許多心智障礙的村民，不是被關在家裡、見不得人，就是被放逐在山林中，沒有親人關懷。甘神父經常聽到民眾稱呼這種心智有障礙的孩童「白癡」或「智障」，聽到這種錯誤的用語每每讓他十分難過。他告訴家長們：這種孩子只是「學習遲緩」而已，他們需要接受特殊的教育，將來才能自理生活、照顧自己，而不會成為家庭的負擔。

在苗栗教區經過十一年時間，甘惠忠神父發現這樣的孩子真的不少，也一再聽到孩子的父母身心受創相當嚴重，也看見有不少父母為了要幫助自己的遲緩兒，跑去廟裡詢問神明旨意，得到的回應往往是「那是上一代祖先犯錯而帶來的報應」。這種回答反而讓父母更加心痛，他們常會問甘神父：「為什麼我的祖先犯錯，要我的兒子來承受？要我們這代的父母來承擔？」

因此，為了幫助這樣的孩子，甘惠忠神父決定回美國進修「特殊教育」。他在一九七四年回美國進入大學研讀，兩年後取得「特殊教育碩士」學位，再次返回台灣。這次，他積極地學習華語，並將台南市剛剛創設的天主教「瑞復益智中心」的工作給接了下來，還向政府登記，讓這個中心成為全台灣第一間立案的「心障兒日間托育中心」。

改變一般父母的觀念

甘神父做的第一件事，就是改變一般父母的觀念。該中心不再是「收容」心智障礙兒童的地方，而是開始籌劃怎樣幫助這些幼兒，並且提供醫療和教育的工作。他針對三歲以下的孩子開始推動「早期療育」，希望把握黃金時間，讓這些幼兒能夠克服發展遲滯所帶來的不便，好減少日後生活的障礙。

但是，當他這樣構想時，卻發現送到「瑞復益智中心」的孩子多半是年紀較長的身心障礙者。原因很可能是台灣社會對「早療」的認識不足，一般父母並沒有注意到孩子出生時就有發展上的問題，往往以為孩子只是俗話說的「大隻雞慢啼」；要不然就是認為孩子既然都這樣了，那就讓他這樣下去，是孩子的命不好；再不然，就是找個「教養院」幫忙照顧。

有的家庭因為有經濟上的困難，會將這樣的孩子關在家裡，不讓他出門，也不讓他跟人有任何接觸。因此，當甘神父接下「瑞復益智中心」主任職位後，他經常上街四處尋找，若是有發現身心障礙的孩童，就會跟著這孩子走，跟到孩子家裡和他的父母懇談，希望他們將孩子送到「瑞復」進行「早期療育」。可惜的是，他經常遭到孩子父母的拒絕，甘神父說：「這是因為父母不願意承認家裡有這種發育遲緩的小孩，或是認為別人不該管他們家的孩子。」

甘神父甚至請社工師到台南市所有的婦產科醫院介紹「瑞復益智中心」，讓醫院知道他們可以怎樣幫助心智有障礙的孩子，結果是「沒有任何一個孩子因此來到瑞復」。甘神父說：「連一個也沒有。」

後來，成大醫院小兒科的朱曉慧醫師主動來到「瑞復」參訪，並提起她在門診中，一年就發現大約有一百名三歲以下的嬰兒有發展上的遲緩病兆。朱醫師很清楚這只靠醫療是不夠的，也很難，這樣的孩子需要的是及早教育和整合式的資源支持。這時，朱醫師主動提起，希望甘神父協助幫忙，這才讓甘神父發現上帝的手開始引領著他為這些孩子做更多好事。就這樣，甘神父派出「瑞復」的工作者進入成大醫院接受訓練，也募集經費添購設備，接受了二十名三歲小孩進入「瑞復」進行「早期療育」，這就是台灣「早療」觀念的形成和發展的基礎。

其實，甘惠忠神父曾參訪了幾處「教養院」，可能是因為主事者對那些發展遲緩的孩子有錯誤的認知，他看到有的孩子是被綁著、關在狹小的房子裡，他看了之後內心非常難過。他說這些孩子在這樣的教養院裡，可能就是一輩子過著被捆綁的生活。父母可能因此獲得「釋放」、心情輕鬆起來，但也等於是將孩子放棄了一樣，因為這樣的孩子等於永遠回不了家了。

在甘神父的看法裡，「隔離」不應該也不是最好的方法，而是要讓這些孩子聽到其他孩子的聲音和活動方式，也讓其他身心健全的孩子能認識這種發展遲緩的孩子，這也是在幫助我們的社會學會「接納與包容」，而不是「拒絕和隔離」，這是非常重要的。所以，他不用「隔離」來收容孩子，而是用「日間托育」的方式來照料，白天提供孩子復健和教育，課後能返家享受家庭生活的溫情，他很清楚地說：「無論我們的機構做得多好，也不會是孩子的父母，都無法用收容來取代家庭和父母給孩子的愛。」

甘神父不只將「瑞復益智中心」發展起來，成為台灣特殊教育的典範，也在一九八七年於高雄籌辦「樂仁啟智中心」，然後又在隔年於台南另外開辦一所「德蘭啟智中心」。有了這麼多的特教經驗，甘神父說：「也許這些發展遲緩的孩子學習新事物的能力比較差，但是他們學會之後，表現出來的卻是意料之外的好。」他說：「這些孩子經過教導之後，對於別人的友善，能報以善意的回應，會和來訪的客人握手打招呼。」

他用很誠懇的語氣呼籲我們：「當我們願意瞭解他們、願意努力打破這道隔離的圍牆之後，我們的社會就能變得更和諧。這時候，我們能藉著這些孩子增長智慧，成為更有愛心的人，而這也才是我們活著的真正意義。」

推動融合教育

在甘神父的努力下，一九九五年政府通過「特殊教育法」，規定「零拒絕條款」，意思是所有學校都不能以身心有障礙為由而拒絕這種孩子入學。這項法案的通過，給甘神父很大的鼓勵，於是在一九九七年，他在台南的學甲區創辦了「伯利恆文教基金會」，底下設立「慈母幼稚園」和「嬰兒發展中心」，專收六歲以下發展遲緩兒和學齡前發展正常的孩子，把兩種孩子合在一起，讓他們彼此相互認識，一起生活和學習，這不僅幫助遲緩兒能夠在正常環境中逐步改善情況，也使普通兒在幼兒階段就學習和自己不同的孩子接觸，懂得尊重、幫助他人。

如今，許多普通兒的家長還要排隊讓小孩進來。「以前家長看到這裡有特殊兒童，就不讓小孩子過來，但現在卻相反，一般孩子的家長不斷向其他家長介紹這裡。」甘神父說：「融合教育在學甲這個鄉下地方能夠成功，在其他地方也必定能成功！」

甘神父也告訴我們，讓各種人一起生活的重要，唯有接觸對方，才能消弭恐懼，並看到對方的美好。他說：

雖然基金會的能力只有辦法作孩子的融合教育，但整個教育包括小學、中學到大學，都應該推動融合教育，甚至社會也需要以融合教育的態度讓各種人一起生活。小時候因我的妹妹，我瞭解心智障礙者，願意跟心智障礙者一起生活；但是我的生活環境裡沒有黑人，因此我到現在看到黑人，還是有點怕怕的。

甘神父眼裡透露著他的夢想，透過融合教育，期待一個更美好的世界。他常問身邊的人說：「你看，這樣不就能建立一個更美好的社會嗎？」從甘惠忠神父來到台灣迄今，已經奉獻超過五十四年的時間。從他開始推動「兒童特殊教育」到現在也已經超過四十年，他所提倡的「早期療育」和「融合教育」更成為台灣特殊兒童教育及服務的主流。

可惜的是，有些「特教班」老師並不是很清楚「特教」老師的責任和使命。甘神父曾提到，有一次開「特殊教育工作研討會」時，有位老師發言說：「那個孩子太嚴重，不適合進入啟智班。」另外幾位老師也紛紛附議。當時甘神父相當生氣，會後他跟這幾位老師溝通說：「每位學生都需要教師和教育法來保障他們的權益。不是學生的程度不適合啟智班，而是啟智班不適合學生。」甘神父說出一個很重要的問題：特教老師的觀念要時常更新，才能真確地瞭解不同孩子身上所出現的各種潛能。

在推動早期療育與融合教育的過程中，甘神父一再強調，孩子父母的態度非常重要。「千萬不要放棄！」這是甘神父很誠懇、幾乎是求情般所說出的話：「每個生命都是上帝賞賜的珍貴禮物，一定要珍惜、保護。」

他提到一個例子：有一個小女孩剛出生時，母親就覺得這小孩有點兒「醜」。她帶小女孩去衛生所打預防針時，醫師特別提醒她，說她的女兒「可能患有唐氏症」，需要到大醫院去檢查。她依照醫生囑咐，抱著兩個月大的女嬰去大醫院檢查，結果確診是「唐氏症」。這位母親知道後就一直哭，這大醫院的醫師還告訴這位母親，孩子可能將來不會讀書，也不會寫字，要她就這樣養下去吧！

幸好，這位母親聽到朋友介紹，就和丈夫抱著小女嬰到「伯利恆文教基金會」尋找甘惠忠神父幫忙。當這對夫婦看見甘神父時，第一句話就說：「神父，我們的女兒這樣軟趴趴，要怎樣復健啊？」甘神父抱著孩子就問孩子有多大，這對夫妻說「才出生兩個月」，甘神父卻回答說：「可以開始上課了！」這就是甘神父所強力推動的「早期療育」。

就這樣，這對夫妻每個禮拜都出現在「伯利恆文教基金會」，每禮拜有三次在鄰近的診所做復健。經過兩年後，這小女嬰開始會站起來，且會扶著桌子或牆壁慢慢地移動身體。到了三歲時，這小女孩被送到「伯利恆基金會」所辦的「日間托育班」，由治療師一步步地為她的身體各部位給予物理治療、職能治療、語言治療等。甘神父說：「雖然這小女孩確實智能不足，但老師還是一視同仁，為班上的所有學生上音樂課、舞蹈課、語言課等，沒有任何差別。在畢業典禮或是聖誕節晚會時，老師都將學生們打扮得很漂亮，然後讓所有學生都上台表演。」

甘神父這樣說：「若我們沒有給這小女孩早療的機會，恐怕這小女孩到現在連頭都無法抬起來吧！」

成立「伯利恆中心」

為了要讓「伯利恆文教基金會」可以幫助更多心智障礙的孩子，甘神父很積極地在各地尋找經費，在基金會的後面院子興建一棟四層樓的「伯利恆中心」，規劃了托育教室、物理治療、職能治療，與多感官教室，不只能擴充目前的事工，還可以做更多以往沒機會做到的事，那就是開放給社區孩童的圖書館，讓中心能夠成為陪伴家長與孩子的空間，提供更多社區服務，並且期待能幫助更多人。甘神父的愛心感動了「薛伯輝基金會」，他們出錢出力，給予極大的支持。

甘神父笑說自己在忙碌之餘，最大的興趣大概是睡覺，有時也看電視和報章雜誌。過去他喜歡集郵，因年歲日高，現在已無法再花時間精神集郵了。但至今他仍持續訂閱美國的特教期刊，吸收最新資訊。他不忘幽默地說：「這些期刊看完後都可以收到圖書館去，只是這裡應該沒有其他人看得懂。」

回想起剛到台灣的時候，甘神父說：「以前在苗栗當駐堂神父，那裡的信徒很熱情，時常請我到家裡吃飯，今天這裡、明天那裡，我都還要看有沒有空去吃飯！」不過現在擔任機構神父，最大的不同就是「再也沒有人請我吃飯了！」一時間覺得孤單的他，便加入了「台南學甲扶輪社」，還曾當選社長，這大概是最特別的地方，因為一般神父不會參加這種幾乎是政商名流才會加入的社團，但甘神父這樣說：「直到現在，我發現上主的旨意慢慢顯明出來，透過扶輪社，『伯利恆中心』得到了不少協助，非常感謝學甲扶輪社大家的幫忙。」

甘神父在台灣超過半個世紀，如今他已經高齡八十二歲，右耳失聰，行動也不如以往方便，但是直到今天，他對於特教教育的用心，數十年來從未間斷。他曾說：「雖然我老了，但為了台灣未來的融合教育，我希望自己還能為這塊土地再多做一點事。」由於他的努力與奉獻，讓台灣的特殊兒童獲得了更好的照護與正確的教育，更重要的是民眾對待特殊兒童的觀感與作為也有了大幅度轉變，從原本的隔離、放棄，轉而願意接觸與尊重。

為了感謝和肯定甘惠忠神父的貢獻，政府曾在二〇一二年頒發「醫療奉獻獎」給他。他在獲獎時說：「我希望老死在這裡，台灣是我的家，我愛這裡。」他說他的生命裡有了一大群的孩子、孫子，所有他深愛的人們都生活在這裡，他也打算埋骨於此。在他的世界裡，台灣就是他的家，台灣的孩子就是他的孩子，任何一個孩子在他眼裡都是一樣的。他傾生命之力要給孩子們更多教育資源，他說他生命中最大的願望是：「讓所有心智有障礙的孩子們能夠抬起頭來，看看這美麗的世界！」

這就是甘惠忠神父在台灣努力了一輩子的大事。因為上帝的愛，讓他一路走過崎嶇的路徑，從不放棄用他的生命力量照亮台灣早期療育的荒野。他確實堪被我們稱為台灣「特殊教育之父」，值得我們永遠感念。

16

為弱勢孩童提供溫暖的家──瑪喜樂女士

若是有人問說在彰化二林有一所很有名的「喜樂保育院」，是誰創辦的？我們應該要知道答案才好，因為創辦人就是深愛台灣、奉獻一生給台灣人的「瑪喜樂女士」（Joyce McDonald McMillan）。

一九一四年九月二十九日，瑪喜樂出生於美國華盛頓州的摩西湖畔（Moses Lake）一個窮困的農家。她的父親是個獸醫，自己也養馬、養牛、養雞，瑪喜樂說：「因為養雞，就有雞蛋吃；有養牛，就學會了擠牛奶。」

正當她青春年華的二十三歲時，她父親將她嫁給一名年紀大她很多的親戚作續弦的妻子，她先生的前妻留有好幾個孩子，為了當好繼母的角色，她一直沒有生育。因為巨大的年齡差距（她的先生大她三十三歲），她先生在一九五一年去世時，她才三十七歲。

一九五五年，美國加州政府為女性設立護理職業學校，只要一年的課程就可拿到證書，這樣就可以在安養院工作或做居家看護。瑪喜樂的教會師母是一位護士，她認為這是很好的機會，能幫助別人又能賺錢，在她的鼓勵下，瑪喜樂便進入護理學校讀書，之後順利完成學業，拿到了證書，在一家安養院工作。

三年後，當時四十四歲的瑪喜樂遇到一位來自台灣南投的醫師，也就是「謝緯醫生」，他來舊金山的禱告會來作見證。她聽到謝緯醫生告訴大家：「台灣有很多肺結核病患，我來美國是想瞭解肺結核的處理與治療問題。」謝醫生還說，他跟一些醫師及牧師在台灣中部西海岸及埔里山上設有流動診所，對醫療資源不足、生活貧困的濱海漁民以及山地同胞，提供免費的醫療服務。

謝緯醫生的這段話，讓瑪喜樂很受感動。當謝緯醫生回台灣之後，她陸續寫了幾封信，瞭解更多謝緯醫生在做的事，她也為自己想要與謝緯醫生合作醫療服務的事，向上帝迫切地祈禱，懇求上帝指引她。

有一天，她去教會見她的牧師孟格（Rev-Munger），問他說：「你認為我該去台灣看看，或是把旅費寄給他們，幫他們建立療養院？」結果牧師給她的答案是：「有何不可？去看看吧！」

於是，在瑪喜樂四十五歲那一年，她來到台灣。迎接她的人是芥菜種會的創辦人孫理蓮女士（Lillian Dickson），孫女士帶瑪喜樂參觀了很多地方，有芥菜種會在埔里為原住民開辦的「待產之家」、有德國女傳教士為山地姑娘開的查經班、謝緯醫生的流動診所，還有一位挪威籍的男護士在埔里山上的茅屋照顧病患。

參訪這些地方之後，瑪喜樂認為自己的經驗和知識都很有限，不知道能幫什麼忙，也不會有機構願意派遣經驗、學識都不足的她當宣教師。因此，如果她想來台灣當宣教師，就必須自費。在參訪的這段時間裡，她一直為此苦惱，但她在途中遇到的每個人都對她說：「妳一定要來，上帝要用妳，祂就會給妳意想不到的能力。」因為這樣的鼓勵，她決定回美國後就辦理手續來台灣。

收容小兒麻痺兒童

一九六〇年五月，四十六歲的她毅然來到一個過去從沒有想過的國家——台灣。她帶著從教會募集來的一箱箱二手衣服以及藥物，漂洋過海而來。當時台灣的經濟還很貧困，雖然瑪喜樂所募集來的都是二手衣服，但對當時的民眾來說，已經是非常滿足了。

瑪喜樂搭乘的船抵達高雄港時，是謝緯醫師去接她，然後帶她坐客運轉幾次車到達埔里。之後，她在埔里基督教醫院擔任營養師，此外，也在醫院對面的「伯特利山地女子聖經學校」★教英文，又利用晚上開高中生和成人的英文班，禮拜天還到埔里北山腰的一個小村莊「大坪頂」講聖經故事給那裡的小孩子聽，她後來甚至在那裡蓋了一間房子，平時當幼稚園，週日則當教堂，這就是「大坪頂教會」的開始。

在埔里工作三年後，謝緯醫師邀請她到二林沿海新蓋的「二林基督教醫院」服務。原本她並不想離開埔里，但在向上帝迫切禱告後，她明白了二林就是她要服事的場所。於是她從埔里搬到二林，住進新蓋好、只有一層樓的「二林基督教醫院」，這時瑪喜樂五十歲。

當時，二林基督教醫院所面臨到的困境，就是找不到醫師，沒有人願意來又偏僻、又貧窮、交通又不方便的濱海地區。有一位屏東來的傳教士醫師告訴瑪喜樂，小

★這是由德國來的貝德芬教士在一九五九年一月所創辦的。

兒麻痺正在流行，希望二林也能開設小兒麻痺特別門診科，他願意派醫生過來幫忙，必要的話還可以幫小兒麻痺兒童開刀，而一直到那年年底，二林才找到醫生駐院治療病人。但沒有想到的是，當二林公佈他們可以治療小兒麻痺的孩子時，啟用當天竟然有兩百多位小兒麻痺兒童前來登記，有些在二林醫院開刀，比較嚴重的就送到屏東基督教醫院裝支架。

後來，接受治療的孩子們雖然能靠支架和拐杖走路，卻無法上學。因為那時汽車是奢侈品，只有富人家庭才有，有摩托車的家長也不多，要孩子們走路去上學，實在太遠、太辛苦了。因此，二林決定讓這些小兒麻痺的孩子留在醫院裡，請求學校派老師來醫院幫他們上課。就這樣持續了兩年，到第三年，才換由醫院的醫療車載這些小兒麻痺的孩子去上課，下課之後還是回醫院住。

隔年，二林基督教醫院設立了「小兒麻痺兒童保育院」。但由於來求診的病人看到醫院裡面有那麼多小兒麻痺的兒童，就很害怕被傳染，因此向院方強烈地反應，逼得院方的董事會面臨抉擇：看是要保有醫院，或是要成為小兒麻痺專門機構。最後，院方董事會決定保有醫院，遷出小兒麻庳的孩子。

也為了這件事，瑪喜樂特地回美國去拜訪「世界展望會總會」（World Vision），請求該會幫忙，同時也變賣自己的家產。該會將瑪喜樂的需求報導在他們的雜誌上，幾個月之後就得到了許多捐款，足夠在二林國中的正對面（離醫院不遠的地方）買下兩千坪的地，準備蓋兩棟房子。

然而，要照顧的孩子實在太多，只有兩棟房子根本不夠，但募款來的錢已經不夠用了。這個情況讓瑪喜樂煩惱不已，就在這時候，過去一直支持她的「基督教兒童福利基金會」會長高甘霖牧師（Rev. Glen Daniel Graber）建議她蓋五棟房子，好收容更多需要幫助的孩子。他告訴瑪喜樂說：「不要擔心錢的事，上帝一定會幫助妳的。」

結果情況果真如此。隨著保育院的院童不斷增加，來自美國和加拿大的捐款也源源不斷地湧進來，後來共計蓋了六棟房子，還買了部小巴士，可以送孩子們上學。每棟房舍都有一個媽媽負責院童的起居生活，同時也督促孩童們讀書、寫功課、讀聖經，帶領院童們過著有信仰的生活。

在大家的關心和支持下，專門收容小兒麻痺兒童的院舍在一九七〇年五月正式立案，開始陸續將孩童和過去設置在二林醫院的用品慢慢地遷移到新的院址，並且取名「喜樂保育院」。

被喚醒的愛心

可惜的是，沒多久保育院就面臨新的危機。因為台灣政府不斷在美國《時代雜誌》刊登台灣經濟復甦的訊息，使美國、加拿大的許多認養人都希望把錢轉給更需要幫助的地區，基督教兒童福利基金會（CCF）也突然宣告，要終止對台灣所有機構的補助。瑪喜樂盤算一下，院裡的經費只能再支撐四個月而已。

但就在這時，台中「東南扶輪社」聽到消息，立即加入救援的行列。因為該社的成員中有多位醫護人員，他們主動組成一個醫護團隊，固定往返台中、二林，捐助「喜樂保育院」院童的復健、裝支架、購買輪椅等花費。那時的二林還沒有柏油路，交通又不方便，往返二林和台中需要三個多小時，每走一趟，車子和人一樣都「灰頭土臉」，但台中「東南扶輪社」成員們的愛心蓋過了這些勞累，不但這樣，他們還固定每月捐獻十五萬元，三十多年來沒有間斷過，他們對「喜樂保育院」的關懷真是令人感佩。

在那個年代，十五萬台幣可不是小數目，足夠在台中水湳地區買一棟二樓透天房子了。雖然美國和加拿大停止了援助，卻喚醒了台灣人的愛心！

一九七九年，小兒麻痺疫苗出現之後，小兒麻痺的兒童減少了，到了一九八七年，政府希望「喜樂保育院」能夠轉型成收容智能障礙兒童的機構。於是，在政府的補助下，開始興建啟智大樓，並在一九九一年建造完成，同年九月開始正式對外招收院生，對象是五到十五歲的重度、極重度智障兒童，不限縣市，一個老師照顧四個孩子。經過復健和語言治療之後，在保育院的一百個院生中，已有三分之一可以去學校上課。

一九九八年六月，最後一批小兒麻痺院生畢業離開了，該院就將原本是小兒麻痺院童居住的六棟房舍改成智能障礙兒童的教室、餐廳以及手工藝教室。從此以後，「喜樂保育院」成功轉型為服務智能障礙兒童的照護機構。也因為「喜樂保育院」照顧智能障礙孩子深獲好評，讓政府對該院充滿期待。因此，再度洽談該院收容十五歲以上的成人、老人的智能障礙者，為他們提供完善的照護服務。

「喜樂保育院」除了照顧服務外，也提供連續性及多元化的服務。他們二〇〇一年先是和台中的中山醫學大學合作，提供「物理治療」的專業服務；二〇〇二年又增加了「早期療育」的服務；接著在二〇〇三年成立「阿瑪麵包坊」，二〇〇六年成立「喜樂餐坊」。大家從這些名稱中可以看見，這都是在感念瑪喜樂對該院的貢獻。

我們從這裡可以看見，沒有美國、加拿大的慈善人士幫忙，反而使台灣人更知道怎樣發揮上帝賞賜在我們生命中的愛心，就像我們常聽到的一句話：「上帝關上了一道門，也必會為我們開另外一扇窗。」這種際遇經常會出現在生命的旅程中，我們不要因為遇到挫折就對生命喪失希望，上帝一定會垂聽有愛心的人的祈禱。瑪喜樂就這樣說：「每當我遇到抉擇的時刻，總是用虔誠的心向上帝禱告，我只祈求上帝答應我，帶領我走正確的路，做正確的選擇。」

孕育生命的馨香

當有人稱讚她的貢獻時，她總是說：「這是上帝做的，我什麼都不會做。」很多人在討論，到底是什麼力量讓身為寡婦的她選擇到台灣來，奉獻一生的時間建立這所可以讓孤兒、小兒麻痺的孩子、智能障礙者都受到庇護與看顧的保育院？

如果我們去讀她的傳記《喜樂之愛》，就會發現在她七歲的稚齡時期，就已經立志「將來要到遠方貧困的地區，奉獻生命之愛給貧困的人們」。對於這種精神和思想的孕育，現今「喜樂保育院」董事、同時是彰化竹塘長老教會牧師的莊孝盛先生這樣說：「瑪喜樂女士是在美國這個充滿了濃厚基督教精神與價值思維的環境下成長，她的家庭與宗教信仰，確實深深地影響著她的人生觀。在純樸勤儉的基督教家庭長大，瑪喜樂女士因著雙親虔誠的信仰，因而孕育出敬虔、執著，她的一生充滿了耶穌的愛與生命的馨香。」

其實，在瑪喜樂的背後，一直有一股看不見的力量在幫助著她，那是上帝的手在引領，堅定了她對貧困者的愛。另外，就是在美國舊金山的「第一長老教會」中，有一群從早期就全力支持她的朋友，他們是鼓勵瑪喜樂來台灣的好友，長期都為瑪喜樂代禱，並且很實際地組成後援會，他們也是第一批認養喜樂保育院孩童的助養人。這些人的支撐，也是喜樂保育院草創期最重要的功臣。

我們可以這樣瞭解：一個社會的文明，不是只有在談經濟發展，更重要的是激勵社會大眾發揮人道精神與對生命的珍愛。這也是為什麼有許多歐美地區的人們會敞開心門，遠離富足的故鄉，到許多貧困地區去關懷當地人的需要。若是這種人道關懷也能在台灣社會生根發展起來，逐漸成為社會的核心價值，那麼，我們社會很自然地就會生出一股看不見、卻相當強勁的穩定力。

晚年的瑪喜樂患有失智症，有好幾次進入加護病房。二〇〇七年四月十六日，她呼吸不順，再度進入彰化基督教醫院的二林分院治療，病情一直沒有好轉。當她病危的消息傳開後，分散在各處的「喜樂保育院」畢業生紛紛回來探望。幾天之後，瑪喜樂安息回到天家，享年九十三歲。該院在五月十九日舉行告別追思禮拜，將她的骨灰安置於院內的瑪喜樂紀念花園。

很多喜樂保育院的畢業生，以及曾在保育院工作過的人都這樣說：喜樂保育院不只是一個社會福利機構，而是一個以真愛服務世人的志工團隊，是身心障礙者的家，是宣揚愛的教堂，也是充滿著愛的溫暖之家。

17

為埔里人打拼的杏林夫妻——徐賓諾阿公、紀歐惠阿嬤

被埔里人暱稱為「阿公」的「徐賓諾護理師」（Mr. Bjarne Gislefoss），是在一九五二年來到台灣，他的妻子「紀歐惠醫師」（Dr. Alfhild Jensen）比他慢十年來到台灣，她也是當地人口中的「阿嬤」。

徐賓諾是一九二三年出生於挪威一個敬虔的基督徒家庭，從小就立願長大後要到東方傳福音。但他沒有選擇當醫師，而是選擇當護理師。他說護理師的工作可以有更多時間接觸到病人，瞭解病人真正的需要，這點和台灣的醫療工作者（特別是醫生）的看法大不相同。

一開始，他對台灣唯一的認知，就是台灣是一個物質相當缺乏的貧困地方，而且隨時面對著中國共產黨的威脅。因為他自己的國家就曾遭到德國和蘇俄的侵犯，深知

置身於戰火中的人民非常痛苦。但他並沒有畏懼，秉持著「愛人如己」的信仰精神，他來到了台灣，投入埔里的醫療服務工作。

他先和同樣來自挪威的畢嘉士醫師到台北新莊的「樂生療養院」去照顧痲瘋病人，後來他在芥菜種會的孫理蓮女士邀請下，參與創辦台北的「少年中途之家」，專門照顧從監獄保釋出來的少年犯，讓他們在離開少年感化院之後，也會感受到家庭的溫暖。隔年，孫女士再次邀請他轉到埔里基督教醫院，照顧肺結核病人。此外，他也在埔里創辦了「小兒痲痺之家」，並和謝緯醫生成立「山地巡迴醫療服務隊」，定期到山地去服務原住民病人。

幾年之後，在一九六二年，有一位名叫紀歐惠的醫師來到台灣。她在一九一八年五月二日出生於丹麥的哥本哈根，是出生於丹麥的挪威人，還不到兩歲父母就相繼去世，於是回挪威由祖父母扶養長大。

她畢業自挪威的奧斯陸醫學院，並在美國明尼蘇達大學醫學院取得麻醉師的執照。她原本可以在美國過很好的生活，但她卻選擇走一條崎嶇又蜿蜒的道路：因為她在「紅十字會」所屬的醫院工作，從同事口中得知台灣需要麻醉科醫師，於是她向紅十字醫院請了半年假，自行負擔來台灣的所有費用，又向醫院同工募來一筆錢，購買一套全新的麻醉設備，經由美國紅十字會委託美國海軍送到台灣，希望能為台灣醫療工作服務。

紀歐惠來到台灣後，先後在花蓮門諾醫院、台北馬偕醫院訓練麻醉科醫師和護理人員，然後就到屏東基督教醫院。當時那裡正忙著為許多小兒麻痺患者進行矯正手術，亟需麻醉醫師，所以她傳授了最先進的麻醉技術給那裡的麻醉師和護理師，使他們後來都成為外科「傅德蘭醫師」的得力助手。

有一天，傅德蘭醫師帶她一起到埔里基督教醫院看同樣來自挪威「協力差會」派在那兒工作的徐賓諾護理師，以及該醫院發展的成果，那時埔里基督教醫院新的醫療大樓正在興建，即將完工。接著，她隨傅德蘭醫師到徐賓諾家中拜訪，兩人一見鍾情，相約再見面。沒多久，徐賓諾就邀請紀歐惠來埔里基督教醫院協助，請她代班一個禮拜。

之後，她又再去了好幾趟，除了傳授麻醉技術之外，也和徐賓諾有比較充裕的時間認識。即將結束在台灣的麻醉指導工作時，紀歐惠已下定決心，等她回美國辦好辭職，就要再回到埔里基督教醫院，她也暗暗決定要和徐賓諾廝守一生，共同為原住民服務。

要讓小孩「站」到外面來

一九六三年，紀歐惠果然回到埔里基督教醫院，並且在眾人的祝福下，和徐賓諾結為夫妻。每當談起這段姻緣，紀歐惠醫師總是滿懷笑意地說：「兩個從來沒想到要結婚的人，竟然會在台灣結婚！或許這是大家一直為我們祈禱的緣故吧！也可說是上帝成全了我們。」

那時徐賓諾正擔任埔里基督教醫院的院長，而該院正好缺少一位像紀歐惠這樣優秀能幹的小兒科、婦產科兼麻醉醫師。因此，很多醫院的同工都說：「他們的結合，的確帶給埔里基督教醫院很大的助益，尤其是『阿嬤』的醫師資格、醫術愛心，都是徐院長當年最得力、最需要的好幫手。」

他們可說是一對擁有堅定的基督信仰與理想，又同樣具有高度愛心和犧牲精神的杏林夫婦，一生就這樣默默地奉獻在台灣，特別是在埔里地區，共同攜手為台灣的結核病患、小兒痲痺患者、貧病的原住民同胞奉獻他們的醫術與青春歲月，直到年老回天家為止。

一九六〇年代，台灣正流行著小兒痲痺症，人人聞之色變，避之惟恐不及。但他們夫妻為了治療罹患此病症的小孩，特地在埔里基督教醫院設立了一所「小兒麻痺之家」。當「小兒麻痺之家」設立之後，很多民眾都會問這個問題：「治療要花很多錢吧？」因為當時大家普遍貧窮，哪有多餘的錢治這種病呢？只能眼睜睜地看著孩子在地上爬，並不想要帶孩子就醫。這也是他們夫妻一再對這些父母發出的詢問：「難道你們要讓孩子一輩子都在地上爬嗎？」

這間「小兒麻痺之家」可說是台灣最早針對小兒麻痺預防、治療和復健的機構。紀歐惠醫師決定要為貧病患者提供完全免費的醫療，包括看診、吃住、甚至上學的學費，一切全都免費。所有經費都是他們夫婦專程回挪威向全國教會信徒募款而來的。在物質缺乏、民生困苦的那個年代，這樣為台灣同胞提供照顧與服務，確實幫助了不少窮困貧苦的人。紀歐惠也因此贏得「健康保母」的讚譽。

埔里基督教醫院投入很多心血在肺結核的醫療工作上，在徐賓諾護理師的策劃下，醫院設立了「肺結核防治之家」，把病患家裡的小孩也接到醫院，安置在護理人員宿舍隔壁，等孩子的父母都痊癒了，才全家一起回山上的家去。徐賓諾說，只有這樣才能徹底斷絕肺結核病的擴散，就這樣，「肺結核療養院」治好了七十名得肺病的原住民同胞，人人都健康地回部落去。

當小兒麻痺侵襲許多小孩時，他們夫婦告訴許多孩子家長，不要怕，要讓小孩「站」到外面來，不要把孩子藏在家中的角落。上帝創造人，就是要人站起來、走出來，而不是把患有這種病症的小孩隱藏起來，放任小孩子在地上爬。

為了幫助小兒麻痺病童可以站立起來，紀歐惠醫師寫了很多信到美國與挪威去募款，並詢問她的同學、老師、朋友們，請求他們來台灣協助治療病童。另一方面，他們也設法安排這些小兒麻痺的孩童到附近學校就學，使埔里基督教醫院成為當時台灣照顧治療小兒麻痺的先驅。

徐賓諾夫婦說：「每一個人都是上帝的兒女，因為每個生命都是經過上帝精心設計的，在上帝眼中都是寶貴的，都是上帝的最愛！」因為這樣，他們夫婦帶領護理學校的學生在推動護理工作時，就是要培養這種「以病人的痛苦為首要」的觀念，對每個病人的生命都必須給予最高的尊重。也因為這種態度，一直有許多優秀的醫療工作者甘願跟隨他們的腳步，投入醫療服務的工作。

從二十九歲開始就在徐賓諾夫婦家幫忙的蔡愛卿女士說：「這對外國夫婦真正是少見的好人，他們不但對病人和員工很好，年輕時還收養很多孤兒，全是街頭的流浪兒、小乞丐，或被警察抓到的小偷。他不但供他們吃住，還把最好的罐頭都留給這些孩子吃。那些小孩很壞，常常打架、弄翻桌椅，又不愛乾淨，院長常要拖著他們去洗澡。有的還會偷跑出去，害院長又擔心又找半天的……實在沒有人像他那麼有愛心。」

您就是我的媽媽啊！

在他們夫婦共同建立的「小兒麻痺之家」，有過這樣一則感人的故事：有一位名叫「魯比」的婦女，是一個曾受「小兒麻痺之家」照顧長大的原住民婦人，今年五十多歲了。她六歲時，有一次徐賓諾到山地去傳福音，看到她雙腳麻痺、癱瘓坐在地上，便費了好一番口舌說服魯比的父母，讓魯比到屏東基督教醫院開刀治療。手術回來後，魯比便住進「小兒麻痺之家」。

魯比說：「我九歲才開始念書，從小學到高中，都是醫院供養我，沒花過家中父母一毛錢。」魯比懷著感恩的心情說道：「那時，我們稱徐賓諾護理師『爸爸』，稱紀歐惠醫師是『媽媽』。現在我們這些當年受照顧的，都已經有自己的兒女了，大家就改口稱他們夫婦『阿公』、『阿嬤』，因為要讓我們的兒女這樣稱呼他們，我們就自己先這樣叫。」

在高中畢業後，魯比與一位榮民結婚，當她懷孕時，還是回到埔里基督教醫院找紀媽媽做產前檢查。她說：「當我懷孕七個月時，因為提早破水，需要開刀，否則嬰兒很危險。紀媽媽那時在床前安慰我說：『魯比，妳馬上就要當媽媽了，真好，不要害怕！』當孩子順利剖腹產出，紀媽媽跟我說：『魯比，恭喜妳生了個兒子。妳比我還棒！妳已經做媽媽了，我這輩子都沒做過媽媽呢！』」魯比聽了之後就說：「您就是我的媽媽啊！」

雖然徐賓諾和紀歐惠這對夫婦自己沒有生養兒女，但這幾十年來，埔里基督教醫院所有受他們照顧的病人、護士、學生，都是他們的兒女。他們愛周遭這些人，比許多人疼惜自己親生的孩子還要深！

有一年，蔣經國先生在行政院長任內，來到埔里基督教醫院參訪「小兒麻痺之家」，看到這裡收留的許多孩子都叫徐賓諾「爸爸」。他很好奇，就問其中一個女孩子（也就是魯比）說：「你叫他什麼？」蔣院長指著徐賓諾護理師這樣問道。

魯比回答說：「我叫他爸爸呀！」

蔣院長說：「不對呀！你的頭髮是黑的，他的是紅的，怎麼會是你爸爸呢？」

魯比不假思索地回答說：「沒錯啊，我從小就叫他『爸爸』，他就是我們這裡所有人的『爸爸』啊！怎麼會不對？」

那時，蔣院長深有感觸地說：「這對外國夫妻真是了不起，把羅患小兒痲痺症的孩子全都收留在這裡，又全是免費醫治，還將這些身體有殘障的孩子當作自己的孩子，真是了不起啊！」

榮耀歸給上帝

紀歐惠醫師在台灣工作了四十多年，她親眼看見台灣的進步和改變，一方面很為台灣人民感到欣慰，另一方面也很為一些現象而憂心。她說：「從前我們剛來的時候，交通不那麼方便，很多地方的路又窄又小，沒有柏油路，也沒有高速公路，現在路變寬、變直了，人人有錢買車開車，但相對的車禍事故也愈來愈多。想想看，全台灣每年有多少人因車禍喪失生命？有多少人因車禍而變成殘障或植物人？三、四十年前，台灣很少人有心臟病，但現在生活富裕了，反而更忙碌，工作壓力也越大，心臟病患也愈來愈多。這是否就是我們所需要的？」

她進一步表示說：「從前原住民的問題是貧窮、沒錢看病，那時我們幫得上忙，現在他們是有錢了，但酗酒問題卻是愈來愈嚴重，恐怕不是那麼容易解決的了！或許得由政府的教育做起吧！」

他們夫婦已經和當地人打成一片，紀歐惠醫師除了挪威語以外，能說英語、華語、台語，和一些原住民的語言。她和夫婿徐賓諾護理師對於未來的看法和計畫，完全一樣，他們說：「無論做什麼都要從心裡做，因為這樣才是做給上帝看的，而不是做給人看的，這也是聖經的教導。從心裡真實的愛做起，因為如果沒有真實的愛心，一切都是徒然的。我們每個來到台灣的宣教師都有使命，使命到了，就努力地做，才不負此行。」

紀歐惠醫師常跟醫療同仁說：「在有需要的人身上實踐愛，這是上帝給行善者的機會與恩典。」他們夫婦表示在台灣工作的日子確實很快樂，因為在這美麗的地方，又能在有需要的人身上實踐上帝的愛，這是今生得到的最大恩典。他們也常說：「我們愛台灣，更愛這裡的人，無論是原住民或平地人。我們也常常為台灣禱告，希望上帝的福音能在這塊土地上復興起來，使這裡的人都知道：上帝是那樣地恩待我們台灣。」

一九九〇年，紀歐惠醫師獲得政府頒發「第一屆偏遠地區醫療奉獻獎」，隔年，

「第二屆偏遠地區醫療奉獻獎」則是頒給徐賓諾護理師，感謝他們對偏遠深山地區原住民的愛。一九九一年，挪威的國王聽到這消息之後，深深被他們夫婦這種「愛無國界」的作為所感動，特別派挪威駐香港商務領事館的副領事「歐拉維・謝姆康蘇」（Olav Seimconsul）專程來台灣，帶來國王頒發的「挪威國家最高榮譽獎」給他們夫婦。一九九六年，當時的總統李登輝先生特地在總統府頒授「紫色大綬景星勳章」給他們夫婦，以感謝和表揚他們對台灣的貢獻。

目前，在埔里基督教醫院的歷史文獻紀念館中，除了保存著他們兩人的感人事蹟之外，更堆滿了來自各方的獎牌、獎座，可見國人已將回饋的掌聲化成滿堆的頌揚，溫暖了徐賓諾、紀歐惠夫婦的心。

有虔誠基督教信仰的兩人，在獲得各項殊榮時，都謙虛地把「榮耀歸給上帝」，他們表示：「我們如此事奉乃是理所當然，因為是上帝先愛我們！祂為我們安排這條道路，也應許與我們同在，也因此我們遇到再多的困難、再大的苦，我們都不怕！」

到了晚年，紀歐惠醫師曾說：「我與阿公會繼續留在台灣我們的家，看著台灣成長，欣賞台灣每天的日出與日落。」他們夫婦退休之後，堅持要留在台灣，他們最常掛在嘴邊的一句話，就是：「挪威是我們的祖國，台灣是我們的家。」

二〇〇六年，夫婦兩人回到挪威探訪親友，紀歐惠醫師身體感到突然不適，再也無法承受長途飛行，只好留在挪威醫治。二〇一〇年十月三十一日，她在挪威安息回到天家，享壽九十二歲。

這對夫妻在台灣奉獻接近五十年，埔里的居民都知道，「阿公」、「阿嬤」奉獻在這裡的時間，比許多當地人還要長、還要久！他們是最有愛心的外國夫婦，用真實的愛心，把一生最珍貴的時光完全奉獻給偏鄉的原住民，腳跡遍布中部山區的原住民所有部落。這樣的無私之愛，值得我們深深感念。

＊本文資料由埔里基督教醫院提供。

18

讓全世界看見台灣的美——秘克琳神父

我們經常會從報章媒體聽到「蘭陽舞蹈團」在哪裡獲獎，或是在羅馬教廷獻舞給教宗看的新聞，而創辦「蘭陽舞蹈團」的，就是來自義大利「靈醫會」的秘克琳神父（Michelini Giancarlo）。

秘克琳神父是在一九三五年出生於義大利北部，從小深受在中國雲南當宣教師的叔叔之影響，對中國的傳統藝術、文化深感興趣，也決定要跟隨叔叔走向傳福音的工作。他高中時期就進入天主教修會，在大學修哲學、心理學，並進入神學院接受訓練，而後加入靈醫會，然後在一九六四年受差派來到台灣。

他小時候常聽叔叔講述在雲南傳福音的所見所聞，知道那裡有很多痲瘋病人沒有人照顧，他很想加入照顧痲瘋病人的行列，卻因為共產黨驅逐所有外籍人士，使他這個心願無法達成。後來，他得知靈醫會已經轉至台灣的偏遠地區羅東，他就決定搭船到台灣來，加入靈醫會在羅東的醫療傳道行列。

令人感動的是他之所以沒有搭乘飛機而選擇搭船，是因為他決志加入靈醫會時，就已經有了心理準備：**終生在台灣**，因此，他希望利用這次遠行的機會，好好看看幾個國家。他搭乘的船從義大利出發，經過埃及、印度、斯里蘭卡、菲律賓等好幾個國家，整趟航行花去了一個月時間。

他這種獻身的精神，實在是令我這個長老教會的傳道者感到相當汗顏，也不是我們絕大多數的傳道者能夠比擬的。

剛到台灣時，秘克琳神父先在新竹學習華語半年，他利用這段期間，騎著腳踏車四處遊覽觀賞，覺得台灣實在是個很美麗的地方。他說他最喜歡去看廟宇，每逢有廟會，他特別喜歡看在廟埕上表演的「歌仔戲」和「布袋戲」。他雖然聽不懂那些台詞，但覺得歌仔戲有如歐洲的「歌劇」，而歐洲的「歌劇」是絕對不可能在戶外上演的，可是在台灣，只要有廟會，就可以看見免費的歌仔戲表演，他說這恐怕是歐洲人怎樣想也想不到的事。他也非常喜愛布袋戲，覺得操縱戲偶的那雙手非常靈巧，只用五根手指頭就能讓戲偶栩栩如生，彷彿一個「小人國」出現在眾人眼前。這些都讓他感受到台灣是個相當有文化底蘊的國家。

半年後，他離開新竹，到宜蘭羅東去加入靈醫會的行列。靈醫會從一九五三年來到台灣後，就選在宜蘭羅東創辦「聖母醫院」，從事醫療服務與傳福音的工作。他在出發之前就一直在想一件事，就是：大家都努力投入醫療服務，也就是「肉體醫療」的工作，那誰來負責推動「心靈醫療」的工作呢？

他會這樣想，和他在新竹廟會的際遇有關。當他看見「歌仔戲」是那麼有韻味，而「布袋戲」更是台灣文化的精髓，他便決定到羅東之後，要朝這方向去努力，朝著「青少年藝術」的方向去推廣，並培養青少年在生活中的「美感」。

舞蹈團的首次表演

在一九六六年，他先在羅東創辦「天主教羅東青少年育樂中心」、「天主教蘭陽青年會」、「蘭陽舞蹈團」等，在這些團體中，他先開辦「民族舞蹈」，也辦體育活動、美術、國樂等研習班，同時舉辦各種球類比賽，以及跆拳道、小小樂隊等課程，引起整個宜蘭縣民的注目和重視。特別是在舞蹈方面，當時台灣社會還算是相當保守的時代，宜蘭地區更是保守，大多數的人都認為，學會跳舞要做什麼用？即使有孩子想學，也會被父母反對。

秘克琳神父為了要克服這些障礙，每當他聽到有小孩、青少年想學舞而遭到家長反對時，他就會親自去拜訪孩子的父母，而有趣的是，他都會跟這些父母說：「學習跳舞，就是讓孩子比較少生病，就不用花更多的錢看醫生。不但可以鍛鍊身體，也不收錢。」就這樣，他逐漸說服許多家長，將孩子交給他。

有人問他，為什麼要推出這麼多的活動呢？他是這樣子說的：「我發現台灣的孩子被課業壓得喘不過氣，根本沒有力氣再從事課餘的活動，這樣不叫生活。」他說：「一個人的生命要健康，不是只有專注在學校的課本上，那是不健康的。若是國民不健康，社會的根基就不穩固，國家也就不會強盛。」他認為，若能讓孩子參加這些活動，就會減少生病的壓力，他要讓台灣孩童的生活不再只是書本，還有多彩多姿的課外活動。他說只有這樣，孩子成長才會健康起來。

當這些活動逐一推出之後，他發現學習舞蹈的孩子最踴躍，而且表現特別傑出，才成立兩年多，就代表宜蘭縣獲得全國舞蹈比賽總冠軍。也因為這樣，每次開班，報名馬上額滿，因為家長們終於發現，把孩子交給秘神父開辦的舞蹈班，就是一種讓孩子更加健康的方式，因此，越來越多家長放心地將孩子交給他。

原本的練舞場地很快就不夠用了，義大利的靈醫會總會知道之後，隨即提供充足的經費，讓秘神父可以購買六甲的土地，建造活動中心，積極推廣各項運動。這座活動中心是兩棟相連的水泥建物，提供給蘭陽青年會、舞蹈團、聖音幼兒園使用。園區內多數的空間都是泥土與草地，會這樣規劃，是因為秘克琳神父說：「我喜歡自然，不喜歡水泥地。」

其實，在一開始創辦時，秘克琳神父就已經有了大志：有一天，要將台灣的舞蹈團帶出國去表演，要讓全世界看見台灣的美！

一九七〇年代，正是台灣被逐出聯合國，許多有邦交的國家紛紛和我們斷交的艱困時期，秘神父認為這是一個機會，他要利用藝術文化讓更多國家的人民知道台灣的特色，讓台灣可以藉著舞蹈藝術的文化，跟世界各國交朋友。於是，他奔走於各相關單位，尋找讓蘭陽舞蹈團可以出國表演的機會。就這樣經過了四年，也就是在一九七四年，才終於成行。

蘭陽舞蹈團在國外的第一場表演，就是在他的母國義大利，演出地點是在北部大城「維琴察」（Vicenza）。這場表演沒有廣告宣傳（其實也是沒有經費可作宣傳），結果，在一個可容納五千人的體育館，只來了三十二位觀眾，但蘭陽舞蹈團的團員並沒有哭泣或氣餒，而是盡心盡力地將他們的舞藝完美展現，在場觀眾紛紛給予極佳的評語。從此之後，大家口耳相傳，主動來邀約的團體、國家從來沒有斷過。

最特別的是，滿滿的佳評帶來了一份意想不到的光榮，就是當時的教宗保祿六世特地約見。秘克琳神父藉機上前詢問教宗：「我們想表演舞蹈給您看，不知道可不可以？」教宗欣然同意，此舉讓蘭陽舞蹈團成為全世界第一個在教宗御前表演的藝術團體。其後若望保祿二世及本篤十六世都曾召見蘭陽舞蹈團。

就這樣，全世界開始看見、聽見在台灣的羅東有個「蘭陽舞蹈團」，孩子們跳的舞連羅馬教宗都想看。這就是秘克琳神父當初創辦蘭陽舞蹈團時所發下的志願：要讓全世界看見台灣的美！

讓台灣文化旗幟在全世界飛揚

從一九六六年開始到現在，這五十多年來，蘭陽舞蹈團在國內外各地表演，累積已經超過千場，也讓許多到蘭陽去旅遊的民眾、觀光客，都想一睹這個舞蹈團演出的美景。他們優異的表現不僅讓世界見識台灣豐富的文化底蘊，也成就了非凡的國民文化外交。

一九八九年，蘭陽舞蹈團參加西班牙「第三屆世界民族舞蹈大賽」，以《江波舞影》獲得「最受大眾歡迎獎」，此行並爭取到蘭陽舞蹈團在一九九二年西班牙「巴塞隆納奧運藝術季」中表演。屢次在國際間的優異表現，讓聯合國教科文組織（UNESCO）中致力保護世界民俗的「國際民俗藝術節協會」（CIOFF），特地邀請秘克琳神父以觀察會員的身分參與年會。再經由秘神父的奔走與各界的協助，一九九四年台灣正式成為「國際民俗藝術節協會」的會員國。秘神父也以台灣「民俗藝術節協會秘書長」的身分，持續推動台灣民俗藝術的交流發展。

從這裡就可看出，蘭陽舞蹈團等於替我們國家加入了聯合國的外圍組織，讓台灣的文化旗幟在世界中不斷飛揚。這段期間，蘭陽舞蹈團的足跡已走遍了亞洲、歐洲、非洲、美洲等地。

一九九六年，宜蘭縣政府為了慶祝「開蘭」（漢人吳沙墾拓蘭陽）兩百週年，秘克琳神父提出「童玩藝術節」的概念，促成「宜蘭國際童玩藝術節」的誕生。他長年與國際藝術團體交流的經歷派上了用場，邀請世界各地傑出的表演團體參與童玩節的演出，不僅讓民眾觀賞到國際級的表演藝術，也促進在地藝術團體與國際互動交流。

秘克琳神父帶著滿足又愉悅的表情，呵呵笑著說：「第一屆就不得了！」空前的成功，使宜蘭國際童玩藝術節成為台灣聞名國際的藝術節慶，也幾乎是每個台灣民眾都曾參與的活動。這一次，秘克琳神父又成就了一件「有影響力的事情」，更讓人感佩他的執著與遠見。

二〇一四年，為了紀念秘克琳神父來台灣五十週年，舞團策劃了「芭蕾無所不在」的活動，舞者到了宜蘭羅東運動公園、羅東文化工場、武荖坑等各個景點跳芭蕾，不僅讓芭蕾更生活化，使芭蕾在台灣生根，更像是把秘神父一生的實踐放到他最愛的景色中。

童年生長的經驗，讓秘神父心中一直有個心願：要讓宜蘭的孩子也能享受大自然的沐浴。因此，他親手打造了「家庭遊樂園」，栽種來自各國的樹種，飼養多種動物。日間可見孔雀散步、松鼠跳躍、雞鴨成群，夏夜蛙鳴合奏，候鳥每年來訪。秘神父打趣地說：「還有夜行的梅花鹿，曾跟我晚上一起巡視舞蹈班上課呢。」

也是在這一年，秘克琳神父許下了一個更大的心願，就是成立「蘭陽國際兒童藝術村」。這可說是一個非常浪漫的夢想，而他會有這樣的夢想，是因為現今蘭陽舞蹈團團員以九至十八歲的學生為主，年輕舞者總是徬徨在升學與舞蹈之間的兩難困境，秘克琳神父希望成立一支成人專業舞團，讓舞者能繼續在家鄉的土地上快樂跳舞，也能吸引來自各地的專業舞者。他想打造一個藝術村，擁有專業的展演劇場、多功能教室及住宿空間，善用蘭陽舞蹈團累積多年的國外交流經驗，使國際藝術交流能在此地停留互動，成為台灣重要的舞蹈據點。

從年輕力壯到現在的白髮斑斑，已經八十二歲的秘克琳神父說他生命中已經留著「台灣的血」，是個道道地地的台灣人，而他唯一能做的，就是思考如何透過藝術的傳遞，讓台灣的旗幟在世界各地飛揚著。他確實是用生命、也投入了所有的生命之力來愛台灣的「台灣人」。

19

台灣第一份報紙的創辦者——巴克禮牧師

稱「台南神學院」為台灣最早的一所「大學」是有原因的，因為它原本就被當時台灣基督長老教會的信徒稱之為「大學」，更重要的原因是，當初巴克禮牧師（Rev. Thomas Barclay）創辦這所神學院，本來就是為了要讓學生完成「大學」的基礎。這種觀念在歐美國家已經盛行多年，像英國的名校劍橋、牛津，或是美國的哈佛、耶魯、普林斯頓等早期創辦的大學，都是先從培育神職人員開始，然後才加設其他科系而逐漸發展成學院、大學的規模。

巴克禮牧師是在一八四九年十一月二十一日出生於英國蘇格蘭的格拉斯哥，是家中五個兄弟中最小的一個，下面還有個妹妹。他父親是個成功的賣布商人，也是教會長老，因此，全家都有非常嚴謹的信仰根基。

巴克禮牧師從小就是個聰明又好學的孩子，十五歲就進入格拉斯哥大學讀書，他一進入大學就開始學習拉丁文，這是當時所有大學生必修的課程。他在學校期間表現相當優異，大學畢業後，隔年就進入格拉斯哥大學的「自由神學院」（Free Church Divinity College）。

一八六五年，他大學二年級的時候，決志要獻身給上帝，專心宣揚福音的事工。他將這件事看成是對上帝的一種生命告白，是和上帝之間一種生命的契約。因此，他很慎重地將這份獻身之約寫在紙上，簽上自己的名字。然後每年生日那天，他就把這份「生命之約」的誓約文拿出來讀，然後再次簽上自己的名字，年年生日他都如此，以提醒自己奉獻當傳道者的心從來沒有改變。

這份奉獻一生給上帝的誓約，他一直簽到一九三四年。在最後一次簽下奉獻之約的隔年，也就是一九三五年十月五日，他安息回到天家。

他說自己原本並沒有打算當海外宣教師，但在神學院最後一年的時候，有一天，院長「杜喬治博士」（Dr. George Douglas）的弟弟「杜嘉德牧師」（Rev. Carstairs Douglas）來學校演講，同時招募學生畢業後到中國去當宣教師。但那時的巴克禮牧師只想留在英國當傳道者。

後來，院長又邀請一些學生跟杜嘉德牧師談論去中國傳福音的事。就在談話中，杜嘉德牧師說有一個離中國很近的島嶼——台灣——只有四個宣教師，島上卻有許多原住民和從中國去的移民，很需要更多傳道者投入福音工作。杜嘉德牧師也拿出他正在編撰的「廈門音字典」給大家看，巴克禮牧師看了頗有觸動，認為那是很美好的工作，杜嘉德牧師因此對他特別有印象，便常常寫信給他。

巴克禮牧師從神學院畢業後，到德國的萊比錫大學進修兩年時間，之後，他下定決心，要來台灣當宣教師。就這樣，他在一八七五年六月五日來到台灣，一直到一九三五年十月五日去世為止，共計在台灣傳福音長達六十年之久，最後安葬在台南的基督教公墓。

推動「白話字」

一八七五年，也就是巴克禮牧師來到台南一年後，在台南的英國宣教師會決定把原本在高雄的「傳道師養成班」遷移到台南，和台南的「傳道者養成班」合併，將之命名為「大學」（Tōa-o̍h，即 Capital College），聘巴克禮牧師擔任校長，教師有三人，教室一間，宿舍一棟，學生十三人，這就是「台南神學院」創設的由來。

當時「大學」開課的情形，是由宣教師每週固定教課，另有兩位來自廈門的教師教漢文，而課程的內容包含：基礎教育及屬靈課程，由李庥牧師講授舊約聖經及地理天文，他甚至用大型望遠鏡讓學生窺看土星、木星、月球旋轉形狀；甘為霖牧師分解新約聖經，以及耶穌所行事蹟、權能、比譬等；施大闢牧師說明「創世記十二根源」、地質學和物理；巴克禮牧師則講授部分聖經篇章，以及算術、歷史、各行星軌道的運行狀況，且有雜錄、論文等等。

從這些課程就可看出，「台南神學院」的學生早在日本統治台灣之前，就已經在上非常先進的科學課程了，難怪會稱之為「大學」。當時這些來自鄉下貧窮農家的學生人數不多，但這就是台灣教育史上第一所具有現代西洋文明思潮和大學教育本質的學府。從創校至今，已有一百四十三年的校史，培養出許許多多的傳教者，對整個台灣社會的現代化、穩定、進步等貢獻，實在難以用文字評估，過了一百多年的現在，台南神學院依然是台灣基督教會從事神學再思與反省的搖籃，而這些都和巴牧師打下的基礎有很大的關係。

說巴牧師對十九世紀的台灣教育貢獻甚大，其實一點也不為過。除了創辦台南神學院外，他還極力推動「羅馬字拼音」。這種拼音法在台灣長老教會被稱為「白話字」，就像是胡適等人當年在中國推動「白話文運動」一樣。巴牧師教導信徒認識羅馬字拼音，讓當時多數文盲的台灣人（特別是信耶穌的基督徒）從不識字到看懂「白話字」的羅馬拼音、會讀、一直到會寫，也讓台灣基督長老教會的信徒在那個年代就成為知識分子。

所謂「白話字」，是用羅馬拼音來寫自己想要講的話，只要認識二十二個字母就可以了。而「白話字」的意思很清楚，就是我們怎樣講，就怎樣寫，十分簡便易學。「白話字」的推動，對台灣長老教會的發展影響非常深遠，因為十九世紀中葉，台灣社會文盲的比例非常高，為了讓傳福音的效果能落實在信徒身上，推動信徒識字、進而可以自己每天讀聖經的計畫，就勢在必行。

因此，在巴克禮牧師極力推動下，一八八〇年，長老教會決定，所有傳教師、長老、執事等都要率先學習，並推廣到每一個信徒家庭。不但在教會培育師資，還利用寒假、暑假，在教會開班教導小孩、青年學生，甚至還派人到信徒家裡去教導不會的信徒。我的母親就是教會派人來家裡教而學會的。我到現在印象還非常深刻，讀國小時，每逢寒假、暑假，我們兄弟姊妹就會每天去教會學「羅馬拼音」。

這種「白話字」運動，並不是只有在台灣推動而已，英國的宣道會也在福建、廈門等地推動。這從林語堂先生的例子中就可清楚知道，他說：「我的母親可藉羅馬拼音法，把全部聖經讀通。此外，也曾藉此自習漢字聖經，而且她用完全清楚的羅馬拼音字寫信給我。」

就像林語堂先生的母親一樣，我在台北東門長老教會時也經歷過類似的事。有一位林信男長老，他是台大醫學院精神科退休教授，他說他的母親也是這樣，當他去服兵役時，他母親就用羅馬拼音寫信給他，而那時部隊都有「輔導長」檢查所有的書信。輔導長第一次收到他母親的信時，就找他去問說：「這是誰寫給你的信？寫這是什麼字？」

他回答：「這是我母親寫給我的信，是用羅馬拼音字寫的。」

那位輔導長嚇一跳，就問說：「你看得懂？」

他說：「是，看得懂。」

那位輔導長不相信，就要林信男長老念給他聽。因為羅馬拼音字就是寫出我們用口語說的話，因此林信男長老讀起來就是台語。這讓輔導長更是驚訝不已，對他說：「你能直接將羅馬字用台語讀出來喔！真不簡單！」

輔導長對林信男長老讚嘆不已，其實他不知道羅馬拼音字並不是義大利文或羅馬文，而是一種可幫助母語用文字保存下來的輔具，許多傳教者在世界各地傳福音時，都會用它來教導沒有自己文字的民族。

遠東第一份教會報紙出爐

巴克禮牧師對教育的貢獻不僅止於此。一八八〇年，馬雅各醫生由英國帶回全台灣第一部活版印刷機，贈給台灣基督長老教會，但當時沒有任何人會使用這種從來沒看過的機器。巴克禮牧師知道後，自己先在英國的印刷廠跟工人學習「檢字、排版」的方法，瞭解使用印刷機的技術，等他回台灣後，就借用新樓醫院東北角的一間房子作機房，親手把印刷機組裝起來，然後招募教會青年當學徒，並且在一八八四年五月二十四日開始印刷工作。

這是台灣印刷術的開始，也是台灣最早的印刷廠，取名「聚珍堂」，一般信徒稱為「新樓書房」。

一八八五年七月十二日，遠東地區第一份教會報紙出爐了，是用羅馬拼音字排版印出來的，全名為《台灣府城教會報》，這就是今天《台灣教會公報》的前身。當時台灣社會有讀過書的人很少，而那時候英國開啟的福音事工已經非常繁盛，北自彰化，南至阿猴、後山（台東），陸續設立了三十三間教會，若想牧養這麼廣大的教區與信徒，僅靠駐守台灣的七名宣教士和少數本地傳教士，顯然是不太容易的事，因此，這份《台灣府城教會報》的發刊就帶有特別的使命：教導信徒習慣閱讀羅馬拼音的「白話字」，報導各地教會消息，幫助信徒們互相聯繫，也能幫助信徒更明白聖經的教導。

從巴克禮牧師為這份報紙寫的發刊詞中，就可看出他的用心：「Khó-sioh, lín pún-kok ê jī chin oh, chió chió lâng khòa^{n} ē hiáu--tit. Só-í góan ū siat pat-mih ê hoat-tō, ēng Péh-oē-jī lâi ìn-chheh...」（可惜，恁本國的字真僫，少少人看會曉得。所以阮有設別物的法度，用白話字來印冊……）

除了建立信徒的信仰基礎之外，最早《台灣府城教會報》也記載了當時台灣的政治、軍事、經濟、民情風俗等消息，同時記錄了自一八八五年以來台灣社會一連串演變的新聞。這等於是開啟台灣民眾的新視野，讓人們知道這個世界所發生的時事，這點也是早期基督長老教會信徒會成為台灣社會菁英的原因。也因為這份報紙的發行，替台灣留下了非常重要的歷史資料，是一份深具獨特性與文獻價值的報紙刊物。

後來《台灣教會公報》開始發行「英文版」，發行到和台灣長老教會有建立「姊妹教會」關係的世界各國教會去，讓所有外國教會也知道台灣和教會所發生的事。也因此，有許多外國基督教會非常清楚台灣社會的狀況，特別是當一九七九年美麗島事件之後，長老教會在備受執政當局打壓時，外國基督教會的領導者投入極大關心和救援力量，都和這份報紙有密切關係。

巴克禮牧師不但負起台灣長老教會的神學教育工作、培養許多優秀的傳道者外，也想盡辦法透過《台灣教會公報》的發行，讓沒有讀過書的民眾也可以藉由羅馬拼音而認識信仰，並知道當時的世界最新動態。他同時還做了一件在當時大家都認為不太可能的事，那就是翻譯聖經。

一九一二年，他認為應該將新約聖經用羅馬拼音「白話字」翻譯出來，給台灣基督徒閱讀，於是，他開始著手翻譯的工作。這本翻譯的新約聖經在一九一四年完成，在一九一六年印出來，當時的信徒都搶著要讀，因為這是第一次有大家看得懂的聖經可以讀。因為翻譯聖經的這件事，他的母校，也就是蘇格蘭的格拉斯哥大學，特別頒贈「榮譽神學博士」學位給他。

接著，他又從一九二七年開始，進一步把希伯來文舊約聖經翻譯成羅馬拼音「白話字」，這項艱鉅的工作經過三年時間才完成，然後在一九三三年印出來，而那時候，他已經高齡八十四歲了。

單單從翻譯聖經這件事，就可看出巴克禮牧師神學的造詣甚高。請注意，他是把整本聖經由舊約希伯來文到新約希臘文，譯成羅馬拼音的「白話字」聖經，而台灣話、希臘文、希伯來文等三種語言都不是他的母語（英語）。他想要翻譯聖經的主要原因，就是他一再強調的「神學教育是以聖經為主體」，並且一直確信：「神學教育的中心，就是翻譯聖經，不但直譯，也是意譯。」

從巴牧師在聖經翻譯上的用心，再回想到宗教改革的主要人物馬丁・路德，他推動改革之所以能夠成功，最主要原因就是他翻譯了新約聖經，且是用當時最流行於德國社會的語文翻譯出來。也因為他翻譯的聖經當時民眾都看得懂，促成了宗教改革運動的成功。大家都看得懂，就會提升信仰的內涵和品質。

一九三五年十月五日，巴克禮牧師在八十六歲時安息回天家。台南基督長老教會將他安葬在台南基督教公墓的墓園。

巴克禮牧師留給我們最寶貴、最重要的資產，就是開啟了一百三十年前台灣人的心智，讓他們可以透過教會報紙看見遠大的世界，且在信仰的品質上可以提升，不但這樣，還透過翻譯聖經，使絕大多數的長老教會信徒因而知道聖經的教導，即使經歷過政治環境的變遷、社會生活形態遽變，長老教會依舊是台灣社會一股很重要的穩定力量。

20

永遠與苦難者同在一起——潘爾溫神父

我認為：每個人、每間教會都要去關心別人，都要有實際行動，而這並不是為了要傳教，也不是為了要募款，而是讓自己有行動的能力去關懷鄰舍和社會。

上面這段話，是「潘爾溫神父」在一九九九年獲得「法鼓山文教基金會」頒發「十大傑出平安貢獻獎」時所說的話。當潘神父說「每個人、每間教會」時，其實他的意思是在說「每個信徒、每個宗教」，這樣的瞭解比較正確。

他會獲得這個特殊獎項，是因為長期關心智能障礙者的工作。非常特別的是，他是一位天主教外籍神父，他所做的社會關懷工作卻獲得佛教給予高度肯定，這點也是台灣宗教史上值得一書的大事。

潘爾溫神父是在一九三六年出生於比利時的一個小農村，父母都是非常虔誠的天主教徒，從小就跟父母在教會薰陶之下成長。在中學時代，他看見許多在二次大戰時經歷了德軍的蹂躪而受到嚴重傷害的孩子，因此他就發願，希望有這麼一天，他能有機會好好地照顧世界各地那些身體有障礙、行動有困難的人。

一九六一年，他在比利時「魯汶大學」完成哲學和神學的課程，並且晉鐸為神父。隔年，他被「比利時聖母聖心會」差派到台灣來。他說他會來到這裡，是聽說當時台灣很欠缺神職人員，於是他想「台灣一定很需要幫助，才會讓修會知道」，所以「這一定有天主的旨意在引導著」。

一九六二年的年底，潘爾溫神父抵達台灣。他先在新竹學習一年的台語，之後就被派到新北市的「金山」和台北服務。他親眼目睹過歐洲在戰火摧殘下的貧困家庭，所以他在大台北地區的這六年間，幾乎走遍了牧區內的街頭巷尾，進入社區中最底層的家庭進行訪問，為的是要讓大家知道，只要有任何需要幫忙的事，他都很願意出手協助。

每當看見身體有障礙的人，他都會伸出溫暖的雙手緊握著對方，讓他們知道他可以成為他們的好朋友。因為他這雙溫暖的手，許多底層的貧困人家非常喜歡他，特別是那些身體有障礙的人家，更歡迎他的到來，因為他都會告訴這些家庭怎樣尋得更多的資源和幫助，不會有孤獨。

在這之後，一九六九年，他被修會派到台中大雅路擔任聖保祿天主堂的本堂神父。他在這裡拜訪信徒的家庭時，經常發現信徒家裡或是鄰居、親友的家裡，會將智能遲緩的孩子放在家中的角落，甚至有父母會用繩索套在孩子的腰部上，以免父母臨時出門時，孩子亂動而釀成意外。他漸漸發現，這樣的家庭和孩子還真的不少，因此，他下定決定要幫助這些家庭和孩子走出生命的困境。

將心比心

他第一件想到的事，就是將大雅路教會原本已經開辦的兩個幼稚園班級，其中一班改成「啟智班」，並且請陳玉屏修女專門負責「啟智班」的稚齡孩子。然後在一九七一年，向天主教會在台中創辦的「育仁小學」申請設立「啟智班」，這也是台中第一所有設置「啟智班」的學校。

但剛開始設立「啟智班」的時候，並沒有家長願意將他們的孩子送到學校來就讀。從這裡可以看出，我們的社會雖然經濟逐漸好轉、在八〇年代達到發展高峰，但對生命尊嚴的看法，還是停頓在只知道「錢」這種事上。就像高雄在一九八二年要在苓雅區開闢啟聰學校，鄰近的居民竟然大舉抗議，他們所提的理由很簡單卻荒謬到極點，說是「怕」自己孩子也會變成那樣，成為身心有障礙的小孩。說到底，其實是擔心因為有這樣的學校在旁邊，導致他們的房地產價格降低。這些都說明了我們社會對身體障礙者的冷漠和歧視，這是對生命尊嚴和價值有嚴重扭曲的錯誤行為表現。

雖然遇到這種申請已經通過，卻沒有家長願意將孩子送到學校來的困境，潘神父並不氣餒，他逐一去拜訪有這種孩子的家庭，向家長解說，解除家長們的疑慮，好不容易才有六個智能有重度困難的孩子被潘神父帶到學校來上課。也因為這樣，潘神父自覺這是他往後要投入更多心血的事工，也是他要承擔下來的責任。

於是在一九七二年，潘神父到台北來創立「育仁兒童發展中心」，這所中心專門招收六歲以下發展遲緩、身心有障礙的孩子。潘神父認為孩子最重要的是父母，沒有任何人可以取代父母給孩子的愛，所以他堅持「育仁兒童發展中心」只辦「日間托育」，下午父母必須將孩子帶回家裡。在日間托育的時候，中心會幫助孩子學習怎樣生活、治療，以及課業輔導等工作，也提供諮詢服務給孩子的父母。

為了照顧這些身心有障礙的孩子，讓這項工作能在台灣推動得更順利、更周全，潘神父特地在一九七三年回到比利時的魯汶母校，去進修「特殊教育」課程。當他學成回來後，就被修會改派到台北教區來工作。

接下來的時間，他在同樣由「比利時聖母聖心會」創辦的「光仁小學」、「光仁中學」開設啟智班，也在「育仁啟智中心」繼續推動教育工作。潘神父常這樣說：「這是我人生中很有意義的一段時光，我深深知道，完全是天主在使用我來關心這種孩子的需要。」

其實，潘神父會這麼積極投入關心發育遲緩、智能有障礙的孩子，原因是他一九六九年在台中大雅天主堂當神父時，有一次和一位來自美國的神父聊天，發現雙方都有個共同背景，就是家裡有智能障礙的手足。這位美國神父就是有「台灣特教之父」之稱的甘惠忠神父，他有一個妹妹就是遲緩兒，要上學都很困難，而潘神父則是有一位智能有障礙的哥哥。他們兩人發現，光是教堂附近就有七、八個孩子有智能障礙的困擾，這是他投入「啟智教育」工作的重要背景。

他以這種「將心比心」的心境，用全部心力推動台灣的啟智教育，就如他所說的：「傳道者或教會去關心社會邊緣或是被忽視的人，並不是為了傳教，而是為了愛。」而這種愛，也是一種社會責任。這樣的認知和觀點，才是基督教會應該好好省思的功課。

學會怎樣愛自己

為了讓智能有障礙的孩子受到更多保護與更好的教育，潘爾溫神父、甘惠忠神父，以及來自匈牙利耶穌會，照顧過上千位智能與多重障礙的兒童而被稱為「台灣智障教育之父」的葉由根神父（Rev. Fr. Istvan Jaschko, S.J.），他們三人組成一個「啟能聯誼會」，全台灣有三十個私立機構參加，每年固定一起討論教學服務的內容、對政府福利政策的制訂和建議，以及社會資源互動的展望。潘神父被推選為第一任會長，這個聯誼會就是今天的「中華民國啟能協會」。

一九七七年，潘神父又在台北的柳州街天主堂二樓，創立了十六歲以上智能障礙者的職業訓練以及就業輔導工作。他將這個訓練所定名為「育仁啟能中心」（後來改名為「育仁兒童發展中心」），並向台北市政府登記而成為第一個正式立案的私立啟智機構，這對台灣社會服務工作來說，可說是向前邁一大步。

願意投入心力去關心社會弱勢族群的人，會發現**越是發出愛心給別人**，**自己的愛心也會越來越豐富**，**生命也會越來越滿足**。潘神父發現到，在他設立的啟能班教書的老師們，就是因為投入這項教育啟智工作，使自己的生命有了極大更新，不僅是感覺有意義而已，更覺得充滿著生命活力。而這種生命力就像活的泉水一樣，隨時都會從心底湧出來。特別是當他們發現這些被社會所鄙視、疏忽的智能障礙者，在自己的照顧下越來越發揮潛能的時候，那種滿足感確實是筆墨無法形容出來的。

更重要的，是這些孩子發現**他們可以被人所疼愛**，**他們也學會了怎樣愛自己**；而這些老師因為發現付出越多，這些智能障礙者成長就越成熟，自己的生命也在這當中越加完滿起來，形成美好的正向循環。潘神父說：「我們沒有一個人是完美的，大家都有不同的缺陷，當我們發現自己生命中也有缺陷時，就會體驗到我們也需要別人的關愛。」在生命的旅程中，我們一定會體驗到一點：一個會關懷別人的人，也會獲得別人的關懷，只有自私的人才會沒有朋友、感到寂寞。

有鑑於那些從國小啟智班、國中益智班畢業的青少年，需要有工作技能訓練機構來訓練他們的獨立生活能力、減輕父母及家庭的負擔，然後逐漸回歸社會，潘爾溫神父努力向教會宣傳這個理念，後來經過天主教台中教區董事會的同意，籌備設立一間針對智能障礙青少年的職業訓練中心。

為了這個願景，潘神父四處走訪各大社團、企業、教會，向他們說明這個機構設立的宗旨。他的用心和愛心獲得了各界正面的迴響，一九八一年，「立達啟能訓練中心」在台中成立了，讓十八歲以上的身心障礙青少年有了職業訓練的機會，好使他們能在自己的社區過獨立的生活。

直到二〇〇〇年，經過二十年的努力，加上政府補助以及善心人士捐贈，新的職訓大樓也建造完成、正式啟用。該中心招收十五至三十歲中度智障的朋友，訓練他們做些輕便的工作，而能漸漸回到社會上工作，也能在家裡獨立自主地生活。

帶來平靜的「平安居」

一九九〇年，潘神父到台北萬大路的玫瑰堂當本堂神父。因為對社區的關心，他發現常有「街友」到教堂去乞求食物、尋求協助。為此，潘神父開始查訪萬華地區街友的生活動態，他放下身段，親自與街友交談，也設法輔導他們、幫助他們各種生活需要。

就像我們所知道的，這是一項非常艱鉅且不好做的事。但潘神父在經歷過那些身心障礙的關懷工作之後，早已經有了心得，知道關心社會弱勢者的工作，在世界各地都一樣，不會是一項輕而易舉的事。他第一個想到的，就是讓這些街友有個可安心居住的收容機構，好讓他們遇到寒流來襲或是下雨的日子，也能有個安全地方可棲身。因此，他希望能在萬華龍山寺附近為這些街友設立一個這樣的收容所。

潘神父想到的方式，就是先和台北市政府社會局洽談，但當社會局和萬華地區的代表接洽時，馬上就受到地方強烈反彈、拒絕。但潘神父沒有因此失去動力，他四處尋找，終於在大同區歸綏街找到一個地點，透過社會局的協助，在一九九二年成立了「平安居」——專為無家可歸的街友以及臨時需要救急的人，提供暫時庇護與居住的地方，此外，「平安居」也提供身心輔導、協調轉介、醫療服務以及就業輔導。

「平安居」的設立，使許多因為工廠突然關閉而失去工作的人、付不出租金的人、從南部上來還在找工作的人，甚至是感情失意、臨時離家出走，或是面臨突發事件的人，都可以獲得暫時「冷靜」的空間。在「平安居」裡，有工作者協助輔導，使人們心靈獲得平安而重返社會生活和工作。

一九九六年，潘神父到鶯歌去，發現在「三鶯大橋」下住了一群阿美族原住民，他透過「恩加貧困家庭協會」的幫助，為這些阿美族社區的兒童進行課業輔導和關懷工作。當這些原住民聽到政府要拆他們搭在橋下的房子時，他們跟潘神父說：「我們做工賺的錢少，租不起房子，現在要拆我們的房子，那我們該怎麼辦呢？」

這時候的潘神父也同樣跟著喊：「怎麼辦呢？怎麼辦呢？」他確實不知道該怎麼辦！因為這是政府法令要拆除違建。因此，他傾盡所有力量，幫助這些年輕人尋找工作，同時推動善心人士和教會信徒去幫助橋下的原住民，特別是那些兒童，因為孩子是最無力、最無辜的一群受難者。

潘神父的種種貢獻，很快就傳播到台灣各地。有人給他的評語是說：「他對貧困、弱勢者付出的行動和關懷，比他在傳教工作上付出的還要多，這卻讓許多人在生命最脆弱的時候，獲得最大的支撐力量。」

為此，在一九九九年，佛教法鼓山文教基金會頒給他「十大傑出平安貢獻獎」，該基金會在頒獎手冊上這樣描述他：「潘爾溫神父，他隨遇安己，隨處安人，愛人所不願愛，願人人皆有能力愛。他在台灣社會展現熱愛生命的禮讚，就像一個麻油菜籽，在隨處都可落地生根，深入陰暗冷漠角落，帶來光和熱，溫暖著邊緣人及其家庭。」

潘神父在領獎的時候，則是說了這段感人的話：

這個獎另外還蘊涵著一個特別的意義，就是對於生命的詮釋。每個人的生命中或多或少總會遭遇到一些挫折、壓迫、痛楚與紛爭，在這個時候，我們總是希望有人能在我們身邊，給予我們關懷及幫助，以期能達到和好。

所謂「和好」，包括愛惜自己與自己和好，疼惜別人與他人和好，珍惜萬物與大自然和好，進而敬愛天主與天主和好。這同時也是天主教徒生活的一部分，而創造和好，換句話說就是盡量帶給人平安。

在這麼多年以來，有人肯定我在平安工作方面的微薄力量，讓我感到十分高興，也很感謝。當然這也給過了不惑之年的我，帶來另一個新的冒險與挑戰，畢竟這個社會上還有許多的事情需要去做，也還有許多的人還沒有得到平安。很高興我能成為一個平安的工具或標記，希望有機會能與佛教徒的兄弟姊妹們好好地合作。

就如同我這個外國神父在台灣得到這個由佛教團體所頒發的獎，不正也代表著另一個象徵性的意義，那就是不分宗教、國家和民族，每一個人都屬於平安社會的一分子，也都應該致力於平安工作，您說對嗎？

我覺得很榮幸而且很高興——可以代表和我一起合作的那些人，
我覺得很榮幸而且很高興——因為我們佛教徒的兄弟姊妹，
我覺得很榮幸而且很高興——聖嚴法師給我這個獎，
我願為大家祈禱，充滿著感恩……

潘爾溫神父確實給台灣社會最弱的族群帶來一股新的生命盼望。我們應該要感謝他對台灣無私的愛。

21 向病人學習生命的可貴——謝緯醫生

「當醫生的快樂不是得到金錢，而是得到患者的信賴。」這是謝緯醫生常說的一句話。直到現在，每當看見任何一位醫生，我都會想：如今，有誰會有謝緯醫生這種行醫的理念呢？

謝緯醫生是在一九一六年三月二日出生於南投，父親是一位醫生，母親則是傳道人的女兒，她引領丈夫成為基督徒，對自己六個孩子的教育皆以聖經為準則。

謝緯小時候和一般小孩一樣好動、愛玩，他念小學三年級的時候，在玩耍中發生意外，以致發高燒、併發肺膜炎，連身為醫生的父親也束手無策。父親請來南投教會的吳天賜牧師為他禱告，吳牧師對他說：「如果上帝聽了我們的祈禱，使你的病痊癒，你願意獻身為主所用嗎？」當時一息尚存的謝緯，以僅有的薄弱氣息回答說：

「願意！」然後就跟著吳牧師細聲祈禱。禱告完，謝緯的父親再度為他打針，竟奇蹟般地退燒，病情也日漸好轉。

身體康復後，一直想讀大學的謝緯，連續兩年參加「高校」考試，卻都名落孫山，使他非常沮喪。他想去日本留學，母親卻告訴他應該立刻去讀台南神學院，父親也說：「當年你生病，在絕望中奉獻自己，上帝聽了你的禱告。現在你對聖工有好的計畫，若是上帝的旨意，祂豈不會像十年前一樣垂聽你的禱告？一定會的，因為你已屬於祂，不要自憂自慮……」

於是，謝緯就由吳牧師帶去就讀台南神學院。但是，當醫生一直是謝緯的願望，他始終期盼著可以醫治病人，並藉此到處宣揚福音。當時在台灣並沒有以「醫療宣教」為一生職志的前例，所以他一直對未來感到困惑。他不敢向任何人說他要念醫學院的事，怕人家誤以為他是想賺大錢，而不去傳福音。

到了快畢業的時候，他終於下定決心，申請赴日報考醫專，並說明回台之後，將服務於醫療傳道工作，而這個申請果真被批准了。他一考完畢業考，便即刻前往日本，連畢業典禮也來不及參加。之後，他順利完成醫學課程，在一九四二年畢業於東京醫學專門學校（現在的東京醫科大學）。

二次世界大戰期間，美軍大肆轟炸東京。那時已經是醫生的謝緯尚留在當地醫院服務，卻得經常四處避難，而戰況越來越嚴重，逼得他從東京逃到了仙台。有一天夜裡，突然傳來尖銳的警報聲，俯衝而下的飛機，以及爆炸開來的砲彈，使得躲在房間裡的謝緯感到生命危在旦夕。就在這緊張又混亂的時刻，他聽到一個近得嚇人的碎裂聲響，原來是一顆燃燒彈擊中他隔壁的房間，噴射而出的火焰立刻穿透他住處的牆和門，他急忙跳過後窗，躲進墳場。

他獨自坐在一座墓碑上，看著房子被熊熊大火吞噬。眼前是燃燒的烈火，周遭卻是一片黑暗。此時，他心中反而有一股安寧的氣息悄然浮現，他平靜地思索著：「我在逃避什麼呢？當然不是上帝。但若我是在逃避人，那麼，我又如何能幫助他們呢？」那天晚上，謝緯下定決心要把自己完全交託在上帝手中，因為他清楚知道自己的生命屬於上帝。從此以後，他決定永遠不再逃避任何一項挑戰。

五塊錢開始的願景

一九四五年十一月，謝緯在日本和畢業於東京女子醫專（現在的東京女子醫科大學）的楊瓊英女士結婚，並在戰後隨即回到台灣。為了讓謝緯能夠在醫療事工上盡心盡力，楊瓊英也在醫院協助看診，身兼妻子、母親、醫師、醫師夫人、牧師娘及媳婦等多重角色，雖然有時覺得很累，但是她心想：若這樣子可以讓先生在外面幫助需要的人，她很樂意分擔。

有妻子在背後扶持，以及弟弟與其他親戚的協助，使謝緯可以放心到各地去關心弱勢同胞，投入醫療義診的工作。一九四九年二月二十八日，他在南投教會受封立為牧師，從此具備了醫生和牧師的雙重身分。

一九五〇年，他加入門諾會山地巡迴醫療團，深入南投、台中等山區為原住民義診，在這個過程中，他發現肺結核的病人非常多。為了學習新的醫療技術，謝緯在隔年前往美國紐約州，進修外科手術三年。在那裡，他認識了後來的好友鮑伯．馮雷醫師（Dr. Bob Finley），並向他請教改善肺結核病的方法。鮑伯問謝緯，在台灣建造一所肺結核病的療養院需要多少經費，謝緯回答大約是美金五千元。

鮑伯醫師聽完，便提議說：「那就讓我們替他們建一所醫院吧！」抱著這個理想，兩個人當場就先把各自身上的錢拿出來湊一湊，雖然只有美金五塊錢，但鮑伯醫師笑著說：「這是一個好的開始，你把五塊錢收下來，然後到我連絡的教會去，把我們所看到的願景告訴他們。」

就這樣，從美金五塊錢的信心開始，謝緯和好友鮑伯醫師分頭設法募款，以完成謝緯回台後要設立肺病療養院的心願。一九五四年八月，謝緯完成在美國的學習回國，隔年就與另一位孫理蓮宣教師在埔里共創「基督教山地中心診所」（即「埔里基督教醫院」的前身）並受託兼任首任院長十多年，他同時也以在美國募款得到的經費創辦了「基督教肺病療養院」，收容原住民肺結核病人。

謝緯行醫期間，只要病人有任何狀況，他都會立刻從南投的家裡趕往埔里去處置。他曾用很嚴肅的語氣對開刀房的護理人員說：「病人在我們的手中，任何一個動作都不容錯誤……這事輕慢不得。一旦進了開刀房，病人寶貴的生命就掌握在我們手裡，即使在開刀過程我有疏忽的地方，你們護理人員也有責任提醒醫生，因為，我們的工作都同樣重要。」原來是他發現有手術房的護理人員在開刀時態度輕慢，他認為這是很不正確的心態。

除了在埔里、南投以及山地來回奔波看診之外，謝緯醫生還得兼顧自家醫院，有時也應邀在禮拜天講道或開會，天天工作滿檔。接著在一九六〇年，「芥菜種會」邀請他在「北門憐憫之門免費診所」為貧窮無助的烏腳病患者看診、開刀，使得原本已經非常忙碌的他，更加忙得腳不沾地。

在他生命終點的前十年，每個禮拜他都帶著身為藥師的弟弟和護士，包一部計程車由當時的南投鎮到台南縣北門鄉去為病人開刀。但是，對於烏腳病患必須截肢這件事，謝緯常常感到無奈、憐憫與痛心，他在日記中這樣寫道：

今天要去北門，連續三日都沒有在家，覺得很累。但是，北門有三個烏腳病的病人要截肢。最近覺得這樣做似乎是在破壞身體，很不願意如此做，但是又沒有新的治療法。這是一件對患者好的事情，但是我的內心覺得很對不起他們，我的行為和我的內心有爭戰。切斷腳又不會再長出來，若是二隻腳都切，感覺非常悲慘，所以我一直在想有沒有其他新的治療法。七點工作結束，又在那裡用晚餐，回到南投已是十點四十分了。

從他寫的這篇日記，就可看出他是真實地把自己的生命奉獻在醫療服務的工作上。看到他這樣的態度，我也一直在內心反思一個問題：「以後，我要當個怎樣的傳道者？謝緯醫生都如此賣命了，那我呢？」

沒錢賺的醫師

我會這樣想，是因為想起有一次聽謝緯說話的情景。那是一九六八年的某一天，我們幾個同學騎著腳踏車去台南北門嶼烏腳病醫院實習，剛好遇到他從開刀房出來。看到我們這幾個神學院的學生，他主動過來跟我們打了個招呼。我們當中有一位高年級的學長好奇地問他說，為什麼當了醫生，還想要當牧師？而且還每個禮拜特地老遠從南投包計程車到北門嶼來當「沒錢賺的醫師」？

謝緯醫生並沒有立即回答這位學長的問題（其實這也是我們心中的疑問），而是招呼我們跟著他巡視病房的每個角落。我看到他蹲下來，跟那些被他手術鋸腿截肢、坐在小板凳上的病人握手，摸摸他們的肩膀，觀察他們手術後斷腿斷手復原的情形。

與謝緯醫生結束病房探視之後，我們走到醫院的中庭停了下來。謝緯醫生顯然知道我們這位學長想問的是什麼，因為在路上，學長就私下跟我們說，當醫師可以賺很多錢，若是自己牧養的教會中能多幾位醫生，那牧會工作一定「容易」不少。學長說他想不通，為什麼謝緯已經是醫生了，卻還要當牧師？

就跟平常一樣，謝緯醫生沒有特別的表情，只是緩緩地回答說：「醫生確實可以賺很多錢，沒錯。賺錢並不是罪惡，也不是什麼不好的事，我認為基督徒應該好好認真賺錢！」

隨後，他引用了聖經經文來說明，上帝賜福給以色列人民，就是要給他們過富足的生活。但講到最後，他突然話鋒一轉，提高了聲調說：

但基督徒不要忘記，賺了錢，是為了什麼？賺錢固然很重要，更重要的是：如何用所賺的錢來幫助自己活得更有意義？這一點才重要。不要讓錢箝制了你原本寬闊的胸襟，也不要讓錢纏絆住一個人往理想境界前進的勇氣與毅力。記住，千萬不要因為想要賺更多錢，害你墮落了，結果成為賺錢的機器！我比較擔心的是，當人在過富裕的物質生活時，忘記了有貧窮人在身邊，這樣，就會使人忘記了上帝賜福的意義。

其實，我來這裡，是向這些病人學習；他們在這樣的苦難中，尚且還會認真活著，想盡辦法要工作賺錢養家，使家人可以生活下去，這點才是生命中最可貴的地方。我比他們幸運，條件都更好，我就應該更認真工作和生活。

我當醫生，家裡也開診所，確實比一般人收入要好，但來這裡當義工，等於是

「付學費」學習怎樣實踐聖經的教導。

從那次之後，我常想起他的話——**向病人學習實踐聖經的教導**。雖然那次在謝緯醫生的回答中，並沒有解釋為什麼他會每個禮拜特地遠從南投來北門嶼和這些烏腳病的病人在一起，甚至只要有需要，他就會將自家診所交給妻子代診，趕來這裡幫助烏腳病的病人，或是趕去埔里幫助那些肺結核病的病人。

後來我才知道，當時，在南投、埔里、彰化和台南北門嶼，他一直都是備受當地人所尊崇的醫療工作者，從他的作為就可看出，他是個相當具有人道主義精神的弱勢關懷者。

創辦本地人的基督教醫院

從一九六一年起，謝緯醫生又將自己醫療傳道的理念，延伸至彰化縣的貧窮海邊。從過去多年來與外國宣教師合作的經驗與體會中，他心中有了一個很重要的願景：我們台灣基督徒可以不用再倚靠外資來幫忙醫療服務和傳福音的工作，這項醫療傳道的工作應該由台灣基督徒自己籌辦教會醫院，這才是正確的信仰態度。因為台灣的基督徒醫生已經有足夠的能力可以站立起來，因此有責任和義務負起這項使命。

他看到許多外國宣教師為台灣做出那麼多的貢獻，深感台灣急需培養本地人「自立、自治、自養」的責任，他說：「我們也會、也能創辦基督教醫院。」

於是，在他和其他基督徒醫師的共同努力下，第一家由台灣本地基督徒醫師所興建的基督教醫院「二林基督教醫院」在一九六四年十一月三日落成，正式開啟醫療服務的工作。當時，謝緯是單純作為外科醫師在那裡看診，由他七十二歲的岳父楊雲龍醫師暫時擔任院長的職務。

有這樣一家醫院來服務彰化地區海岸線的居民，對當時整個中部沿海地區的人民來說，是非常重大的好消息。因為那些地區的醫療資源相當欠缺，如今有一所設備齊全的醫院，對沿海地區的居民來說，就醫甚為方便；第二個原因是，當時謝緯是存著幫助沿海地區貧困居民而設立醫院的，因此，在收費上遠比一般醫院診所還要低。這種精神也是當初宣教師來台灣開辦醫院時共有的理念，讓貧困的人民也可以得到好的醫療照顧。

這些宣教師所做的醫療服務工作，就是在實踐聖經所說的話：

至高的上主的靈臨到我；他膏立我，揀選了我，要我向貧窮的人傳佳音。他差遣我醫治傷心的人。★

儘管從南投到二林的路途遙遠，謝緯醫生仍然告訴醫院職員：「無論何時病人需要我，我會馬上來。」他在日記中這樣寫著：「為地方上身體欠安的人來事奉，通過醫療，為了神來做工，這個幸福不是從金錢來的報酬，而是我可以通過醫療來事奉神，這個喜樂是無人可以搶奪的。」這樣的信仰告白，才是所有基督教傳道者和醫療工作者要學習與傳承的。

甘願做戇人

一九六五年八月二十日，謝緯醫生要去二林的時候，外面正好下著滂沱大雨，又夾雜雷聲閃電。妻子楊瓊英醫師擔心地對他說：「這麼壞的天氣，你就不要去了，那

★以賽亞書61章1節。

邊可能不會有患者。」雖然天氣如此，謝緯醫生卻認為，只要有一個患者前來就診，那麼就算冒著風雨前去，也是值得的，而且他還要對那個患者更加親切。

在他的堅持之下，楊瓊英醫師只好讓他出門。於是，謝緯醫生就坐計程車去二林。當他抵達醫院時，已經有八個病人在候診，其中有一個是需要動手術的。就是在這樣的情況下，謝緯醫生說了這句名言：「當醫生的快樂不是得到金錢，而是得到患者的信賴。」

除了到山地義診之外，謝緯醫生也很善待病人，常將金錢偷偷塞進貧苦病人的藥袋中。他說：「不要把醫術當算術。」當二林基督教醫院有經濟困難時，他幾乎都是自己率先奉獻，增添醫療設備、改善工作環境。有醫療人員反應二林基督教醫院的手術房太熱，他馬上出錢購買一部冷氣機。可惜在尚未安裝之前，他就告別了人世。

有時謝緯醫生拖著疲憊不堪的身體要出門時，關心他的夫人都會問他：「為何不多休息？」謝緯答說：「死了，就可以休息。」他的長女婿汪清醫師問他：「你的工作這麼多，你是靠什麼來完成它呢？」謝緯醫生答道：「先認識每一件工作的價值，再運用堅強的意志和信心來完成它。當上帝和你同在時，你便能做任何工作。」

一九七〇年六月十六日晚上十一點多，謝緯醫生正在北門嶼免費診所為患者進行手術時，接到二林基督教醫院打來的電話，通知他說二林有急診病人需要開刀。謝緯醫生表示：北門的手術要到半夜才會完成，所以他明天才能到二林，他吩咐護士先為患者打止痛藥，安撫一下病人的情緒。如他自己所說，那天他一直工作到凌晨一點半，當他回到南投家中時，已是清晨四點。

緊接著，早上七點參加家庭禮拜之後，謝緯醫生就前往埔里為患者診療。中午時分，他回到南投家裡的醫院接替妻子為病人看診，然後吃了午飯，回房小睡片刻，但不到一會兒，妻子即訝異地看到他從床上一躍而起，仍是睡眼惺忪的神情，卻已經邊走邊穿著襪子，急著要出門。妻子見狀心裡很不捨，勸他多休息一下，並關心地問道：「你才從埔里回來不久，休息還不到十分鐘就又要出去了，這樣子不會太累嗎？」

謝緯醫生答說：「不會的。我必須在二點的時候趕到二林。我如果慢一分鐘到醫院，病患們便多痛苦一分鐘，我不能讓病人多受一分鐘痛苦。若是我能早一點到的話，甚至可以多救一條生命！」

這是他留給妻子的最後一段話。那是下午一點三十分，不願勞煩他人的謝緯醫生，自己一個人開車前往二林醫院。很不幸地，就在南投縣名間鄉的途中發生車禍，就此回歸天家，得年才五十五歲而已。

六月二十二日，南投基督長老教會隆重舉行「總會葬」告別禮拜，來自國內外參加儀式的人數高達三千餘人。當高俊明牧師以「息勞歸天」為題證道時，堅定而有力地說：「謝牧師雖然離我們而去，但那只是短暫的離別。我們今天少了一位可敬可愛的謝牧師，但願能出來更多位學他、像他的謝牧師——臺灣的史懷哲。」

神賜給謝緯五十五年的人生歲月，他捨棄原來可以享受的舒適生活，卻以「甘願做戇人」的核心價值，委身醫療義診和傳道的工作，在台灣中、南部的山區與海邊，都留下了美好腳蹤。雖然他已離世，但就像他曾說過的，這樣就可以永遠休息。而他對病患無私的愛與奉獻，更彰顯出寶貴的醫療情——台灣需要更多的「謝緯醫生」。

＊本文資料由陳金興先生提供。

22

貧困家庭的守護天使——黎安德修女

九十三年前，黎安德修女來到這個世界，大家都為此而歡笑，只有她一個人哭泣。總有一天，黎安德修女離開這個世界；到那一天，數以萬計的人會因此而悲傷，但她可以含笑平安而走。因為，她過了如此豐富且有意義的一生。

以上這段文字，是李家同教授在二〇〇〇年的時候，代表台中靜宜大學頒發「榮譽博士」學位給黎安德修女（Antonia Marin）時所說的話，那時黎安德修女九十三歲。為什麼黎安德修女會這樣被稱讚？只要知道有人將她比喻為「第二個德雷莎修女」，就可以想像到她在台灣所做的美事是多麼感動人心。

黎安德修女士在一九〇七年十二月九日出生在美國的麻薩諸賽州，從小就立志要傳福音和用醫療服務來幫助困苦的人，因此，在中學時代就進入修會，並且發了「終生願」要成為修女。她在學習過程中都非常努力，在年紀輕輕的二十七歲（也就是一九三四年）就取得美國威斯康辛大學醫學院博士學位，在大學附設醫院服務一年後，便正式成為修女。她在一九三九年取得醫師資格之後，向修會申請希望能到中國服務，很快獲得允許。

於是，她先在香港學習中文兩年，在一九四一年進入中國廣西的桂林。當時已經進入中日戰爭時期，她一邊躲避戰火，一邊要防範傳染病的流行，加上藥物的缺乏，她可說是吃盡苦頭，因為原本身體就弱小，卻要扛著笨重的藥箱，從廣西到雲南、貴州等地為病人服務，過程的艱辛實在是筆墨難以形容。但就如大家所知道的，在一九五一年中國政府下令外籍人士離開之後，黎安德修女也跟其他外國宣教師一樣，離開工作十年的中國，到了香港。但她並非進入熱鬧的城區，而是進入香港的難民營去為難民服務和傳福音。

過了兩年，也就是一九五三年，黎安德修女跟許多外國宣教師一樣，從香港輾轉來到台灣，在彰化員林落腳。當她在員林安定下來後，發現這裡像她在中國所遇到的一樣，她看到許多貧困的家庭，若是有人生病了，因為沒有錢，就拖延到實在忍不下去、也不能再拖了才去就醫，結果往往變成小病不醫，大病已經沒有辦法了，有的甚至在送醫途中就離開了人世。

從這一點來看，我們實在應該好好珍惜我們現在享有的醫療資源，要知道台灣的健保可說是世界上很好的醫療制度，可惜的是很多人不知道要珍惜，反而是濫用健保，甚至濫用到浪費的程度。若是有一天，我們的健保無法承受這種重大壓力而停辦，就會出現像六十年前一樣的情況，很多貧困的人因為無法就醫而去世。

拯救五千個小孩

黎修女看見這些貧困人家的困境，生出濃濃的憐憫之心。她是出身美國威斯康辛大學醫學院的醫學博士，能力很強，因此她就在員林開一間小診所，收容、醫治這些貧困的病患。有些病人因為路途遙遠、不方便就醫，她就每個禮拜用兩天的時間，到彰化、南投、台中等地的郊區，主動巡迴義診。

一九六〇至一九八〇年代，台灣發生過好幾次小兒麻痺流行，而其中一九五七至五八年是非常嚴重的年代。在屏東基督教醫院創院院長畢嘉士醫師的回憶錄中，曾說過台灣至少有超過八萬個小孩因小兒麻痺身體受到嚴重傷殘，他也很不客氣地指出當時衛生單位根本不重視，即使他已經當面向衛生單位官員反應過小兒麻痺流行的嚴重性，但官員的反應簡直就是「無感」、「冷漠」。

這樣的情形我們現在可能無法想像，但當時的黎安德修女就是發現了這種情況，也為此感到十分難過，因為這種流行疫情幾乎是每天都會出現許多新病例，而且更嚴重的，是沒有疫苗或藥品可幫助這些受到疫病影響的孩子們。於是她趕緊聯絡總部設在美國的「國際婦女會」，請求該會幫忙協助，很快就獲得五千份小兒麻痺疫苗，這樣一來，她幫助了至少五千個小孩免受此種病症的攻擊和威脅，這等於救了至少五千個家庭一樣。

貧困所帶來的另一個問題，就是營養不良。這會變成一種惡性循環，身體脆弱、抵抗力低，這樣的小孩就容易受到病菌的感染而生病。在那個年代的台灣，黎修女看見許多小孩臉色不佳、體格虛弱，就向天上的主祈禱，請求天主賞賜力量給她，她想要為這些孩子做些事。

因此，一九六二年，她在彰化市大埔路開設一間「瑪利諾聖母診療所」，專門以「小兒先天性心臟病、小兒麻痺、智能障礙的兒童」為主要對象。為了這些小孩的醫療費用，她到處去募款，每當她回到修會去開會、報告在台灣服務工作的進展時，她都沒忘記為了台灣這些受到小兒痲痺病症侵襲，而飽受殘害的孩子們籌募骨骼手術的費用。

有真實的愛，就會感動人的心靈。當黎安德修女創辦這間專門幫助這種小孩的診所之後，感動了好些人，大家出錢購買了一整套復健的設備，而且都是最新的復健器材，捐贈給她的診療所，讓黎修女可以透過這些新穎的醫療器材發揮她的專業，幫助更多病童進行復健醫治。

去天主教那裡排藥！

不但救助孩子，黎修女也為婦女做產前檢查、接生，並且教導這些婦女有正確的育嬰觀念，所以經過她接生的婦女，都知道要定期帶她們的小孩回到「瑪利諾聖母診療所」來看黎修女。大家都知道黎修女特別關心貧困的家庭，所以那個年代只要彰化地區的民眾有人生病了，就會流行一句話說：「去天主教那裡排藥！」因為黎安德修女若是看見來看診的病人是出身農家，她幾乎都只拿「一塊錢」診金，但也因為這樣，這間小診所在維持上就顯得更加困難。

特別有趣的，是彰化民眾也知道黎修女開的診所是專門針對貧困人家，因此，大家並不會爭著去看免費醫療，反而會盡可能讓貧困人家可以到這家診所就醫。而黎修女在醫療服務的態度上，是只要有人需要她幫助，不論是哪一種疾病，她都會非常仔細地診治。若是情況嚴重到必須入院治療，她就會很熱心地和彰化基督教醫院聯絡，也會經常去那裡關心她轉診過去的病人。

早期在台灣的醫療工作者都特別關心原住民部落，像是謝緯醫生、畢嘉士醫師等等，黎安德修女也是一樣，她常常帶著醫療箱到南投的原住民部落去，也會到彰化縣偏遠的鄉下去看診，而這樣的醫療服務，幾十年來從來沒有間斷過。不但如此，可能因為她是美國人的關係，她還會去台中清泉岡的美軍空軍基地找軍醫，或是聯絡「海外醫療隊」的醫生來台灣加入她的義診服務。這些美軍的軍醫都非常樂意幫助黎修女，為小兒麻痺的孩子、有先天性心臟疾病的小孩，或是有甲狀腺問題的病人動手術，她會從旁協助，而後續的照顧責任當然就由她一肩挑起。

一九八七年，也就是她八十歲那年，她結束了「瑪利諾聖母診療所」服務病人的工作，並將該診所提供給「耶穌聖心會」作為社區文教中心，自己搬到台中瑪利諾會修女院去。同一時間，她也擔任台灣「先天性小兒心臟病基金會」的董事，透過她過去長久以來對先天性小兒心臟病的服務心得，為新生代的醫療工作者提供許多寶貴的經驗。

最讓我們感動的，就是她已經超過八十歲了，搬到台中去之後，還去當地的中山醫院、惠華醫院擔任義工，協助病人在生理、心理上的復健工作。每禮拜二、五，她還固定到彰化基督教醫院去當志工，不但服務病人，也成為醫護人員最好的夥伴，許多人從她身上學到豐富的醫療經驗。

有人問她，為什麼會輕易地把這種寶貴經驗分享給別人？其實問的人第一個想到的都是所謂的「智慧財產權」，但黎安德修女說：「我所有的一切都是上帝賞賜，這本來就不是我自己擁有的。上帝賞賜給我，不是要我拿來賣的，而是要我來幫助需要的人。」

她九十三歲那年，當時的靜宜大學校長李家同教授代表學校頒贈給她「榮譽博士」學位，她就是說了這段話作為回覆。二〇〇二年，九十五歲的她回到美國修養，到了二〇〇七年十二月，她一百歲時，美國天主教會為她慶祝生日，當時她已經無法自己行動，坐在輪椅上向大家說：

生命最大的喜悅，就是有能力為需要的人服務，特別是為那些在貧困中的人們做我所能做的事，這真的是上帝給我特別的恩典。

過完一百歲生日的兩個月後，也就是二〇〇八年二月十三日，她結束在世上的生命旅程，回歸天家。

她一生奉獻給中部地區的貧困家庭，上帝透過她傳遞給我們生命的愛，也讓我們學習什麼是愛。

23

憾動阿美族的靈魂——博利亞神父

什麼才是「偉大」？所謂「偉大」並不在於能夠成為社會知名的人物或是做大事業賺大錢，而是能夠在眾人之中努力奉獻。耶穌基督教導我們：每個人都可以活出一個卓越的生命，而這生命並不在於有沒有成就大事業或成為名人，而是當我們走到生命的盡頭，摯友們回想起我們時，會說他（她）真是一個偉大的人。

上述這段話，就是博利亞神父（Louis Pourias）常對信徒所說的話。

博利亞神父是一九三〇年五月二十二日出生在法國，年輕時就立志要獻身當傳道而加入了法國「巴黎外方傳道會」。在一九五六年，也就是他二十六歲時，奉該會差派到台灣花蓮投入傳福音的工作。

早在十七世紀，法國的「巴黎外方傳道會」就已經陸續差派神父遠道來到亞洲地區，在馬來西亞、新加坡、越南、中國、緬甸、日本、柬埔寨、寮國、印度、印尼、泰國、香港和韓國等地展開傳福音的工作。每當受差派的神父要搭船從法國「馬賽港」出發時，送行者都會聚集在港口邊，與即將出發的神父手牽著手，大家同聲唱著這首詩歌：

漂亮的船兒漂一漂，
漂亮的船兒將開往亞洲，
船將海浪分開，
我的國家再見。
我走了，永遠……
我的心已經在亞洲那邊，
漂亮的船兒將我的心、我的愛帶到亞洲……

就是在這種場景之下，博利亞神父來到台灣。首先，他在花蓮光復鄉的「太巴塱部落」阿美族教會服務。

值得注意的，是由法國「巴黎外方傳道會」派出的神父，無論到哪個地區去，都有一個首要任務：**保留當地文化資產，同時將福音的信息傳給當地居民**。因為這樣，當博利亞神父被派到光復鄉的太巴塱部落去傳福音時，他也開始學習阿美族的語言。

投入字典編撰

一九七〇年，他被改派到玉里鎮春日阿美族部落，擔任春日村春日天主堂的本堂神父，同時兼管德武村、松浦村等五個教堂和幼稚園的工作。在台灣一生的時間，他只在這兩個地方——光復鄉的太巴塱村、玉里鎮的春日村——的部落居住過。

當他在光復鄉的太巴塱部落天主堂牧養時，發現當地的兒童常因父母外出工作，被留在家裡或在部落裡四處遊蕩。因此，他創辦幼稚園，接著開辦「神職人員訓練課程」，培育了許多幼稚園教師，和負責傳教的神職人員。從此以後，整個光復鄉的天主堂開始活絡起來。

博利亞神父說得一口流利的阿美族語，加上他對阿美族的文化傳統很重視，所以很快就獲得太巴塱阿美族居民的接納和接近，許多阿美族居民紛紛加入了天主教會參加聚會，有高達百分之六十的居民都因此成為天主教徒。

看在博利亞神父的眼中，這些普遍貧窮又愛酗酒的原住民，只會更讓他生出憐憫的心。為了改善春日部落阿美族人的生活型態，博利亞神父在部落裡創辦了「春德互助社」，鼓勵部落中的阿美族人踴躍加入，每月固定存一點小錢，這樣一來，每當遇到生活困難時，就可以從「互助社」獲得幫助。他會這樣鼓勵大家，其實是希望他們手邊拿來買酒的錢可以少一點，另一方面也是鼓勵阿美族人，培養他們知道互助的精神，這樣就可以減少、降低仰賴他人的念頭。

但真正讓大家刮目相看的事，是博利亞神父投入許多精神，編了《法語阿美族語字典》（*Dictionaire Amis-Francais*），為的是希望後續從法國來的神職人員，或是對阿美族文化有興趣的法語系人員，有個工具書可備用。而為了編撰這本字典，也為了要保存阿美族的文化，博利亞神父非常清楚地知道，若是沒有將這些阿美族的母語記錄下來，終有一天會消失，那時候再想要來尋找，恐怕很難。

為了編撰這本《法語阿美族語字典》，他花了四十年時間進行蒐集和整理。他都是利用傳福音、探訪信徒的機會，也常利用空檔時間親自進行田野調查，而不是只聽長者的講述而已。每當他訪問那些老人，聽他們述說一段故事，或是發現古老且重要的詞彙之後，他就會用一張卡片一個單字的方式，再參考「杜愛民神父」、「裴德神父」以及台灣「聖經公會」的《阿美語辭典》。因此，當這本《法語阿美族語字典》出版之後，在一九九七年就獲得教育部給予肯定和獎勵，獲頒「原住民語言之詞彙書或書寫問題研究甲等獎」。

這本字典是以花蓮中部和東海岸的方言為主。編纂完成之後，不但為阿美族保存了母語，也為新生代在學習母語時，有個可以依循的正確方向，成為阿美族人在教導新生代族語時珍貴的資料。

在這本字典出版之後，博利亞神父更進一步地編撰了一本專供阿美族天主堂使用的《彌撒手冊》，一共三大本，這三大本《彌撒手冊》的出版，可說是讓阿美族天主堂舉行彌撒時有了可依循的規範，不但如此，他還編輯了《日常祈禱經文》，然後更重要、更珍貴的是他又重新編譯了《阿美族語聖經》。

千萬不要小看博利亞神父編撰這些書籍的重要性，特別是重新編譯《彌撒手冊》這件事，因為居住的環境差異，生活方式也會因為接觸其他族群而跟著改變，尤其是語言的聲調、語意也會跟著改變。

平地的漢人、客家人如此，阿美族人也是一樣。雖然都是同一族群，但因為地理山脈的阻隔和接觸來往的對象不同，使得語言也有了差異，大致上可這樣區分：南勢阿美、秀姑巒阿美、海岸阿美、台東阿美，和恆春阿美等五個族群。這五個族群雖然語言尚能相通，但聲調、語法仍存在差異，在語意傳達上有時會發生困難。因此，當博利亞神父完成了這三大本《彌撒手冊》之後，等於整合了全體阿美族天主教會「彌撒」使用的語言。

在天國和大家相會

一個外籍宣教師，能為當地編字典，特別是重新編譯聖經，這已經說明了這樣的傳道者或神職人員，擁有很深厚的語文能力，而且非常深入民間，和居民相處頻繁，也很清楚民間的各項節慶、工作和生活禮儀等等。從這裡就可看出博利亞神父可說是完全和阿美族人完全連結在一起了。就像創辦台南神學院的巴克禮牧師一樣，不但說得一口流利的台灣話，還有能力將整本聖經翻譯成台語，這可說是空前絕後的事。

一九九六年，有一次博利亞神父在吃東西時，感覺喉嚨不舒服，吞嚥上有困難，經過檢查，發現是罹患了喉癌。法國「巴黎外方傳道會」知道這件消息後，立即安排他回到法國去治療。

當時有許多阿美族同胞和教區裡十多位神父到花蓮火車站送他，大家都認為博神父此趟回去，恐怕再也沒有機會相見了，因此，凝重的神情顯露在每個送行者的臉上，有的送行者甚至掩面哭泣，但博利亞神父卻這樣對大家說：「我會再回來，如果不能回來，我會在天國和大家相會。」

博利亞神父在法國停留了一年治療喉癌之後，在一九九七年回到他所熱愛的春日部落，部落的阿美族人非常高興，載歌載舞地迎接他回來。但是，大家總覺得傅神父說話怪怪的，這才知道因為要治療喉癌的關係，醫師將他的聲帶摘除了。可是傳福音不可能不說話，所以，博利亞神父還在法國的時候，學會了用腹腔發聲說話。

剛開始的時候，大家幾乎聽不懂他在說什麼，但阿美族人疼愛他，他們說：「過去是博神父學習聽我們說話，現在換成我們學習聽他說話。」因此，現在春日部落的阿美族人都說：「若是聽不懂博神父在說什麼，來問我們春日的阿美人就知道了！」

有愛的地方，就不會有隔閡；有愛的地方，可以超越文化、歷史、地理、習俗、語言的障礙。博利亞神父和花蓮光復、玉里地區的阿美族人就是個很好的見證，因為耶穌基督的愛，使他和阿美族人就像是一個家裡的人一樣。使徒保羅說了這樣的話：

因為我確信，什麼都不能使我們跟上帝的愛隔絕。不管是死，是活；是天使，是靈界的掌權者；是現在，是將來；是高天，是深淵；在整個被造的宇宙中，沒有任何事物能夠把我們跟上帝藉著我們的主基督耶穌所給我們的愛隔絕起來。★

博利亞神父和阿美族人之間的關係，就是這樣，他活生生地見證了使徒保羅在聖經中的這段話：有真實之愛的地方，就會看見上帝，沒有任何力量能將之拆開。

二〇一二年七月十四日，博利亞神父安息回天家，安葬於最愛戴他的春日部落的墓園。直到現在，墓碑前終年鮮花不斷，一如阿美族人對他的感念，從不曾因死亡而隔絕。

★羅馬書8章38－39節。

24

讓孩子的生命「聽」得見——倪安寧女士

若要問我在教會工作四十年間，關於信徒的事中印象最深刻的是哪件事，我會說是在二〇〇一年六月二十五日那天，在我牧養的台北東門教會的禮拜堂舉行了倪安寧女士（Joanna A. Nichols）的告別追思禮拜。

那天，整座禮拜堂裡裡外外都擠滿了來懷念倪安寧（我們通常稱她為「喬安娜」，以下也用這個名字來稱呼她）的弟兄姐妹，由於來參加的駐台使節外賓甚多，我還特地從長老教會總會事務所借了六十套即席翻譯用的耳機供外賓使用，喬安娜的丈夫鄭欽明先生也從公司派了兩位即席口譯者，將追思禮拜的內容翻譯成英語。

最令我感到驚訝的，莫過於當天出席的民眾中，有許多父母特地從中南部帶他們幼小的孩子來參加，而這些幼齡小孩的耳朵都帶著耳機。在追思禮拜後，我帶著家屬向所有賓客致謝，這些父母帶著他們的小孩走到喬安娜的相片前行禮，然後伸手撫摸著，輕聲地說：「阿嬤，謝謝您，再見。」

更令我震撼的，是看到這些父母帶著稚齡的孩子，跟隨車隊到墓園去參加安葬禮拜。台灣人對與死亡相關的事其實是相當忌諱的，除非是至親，否則一般人不會讓幼齡小孩跟隨到墓園，更不用說送別對象不是他們的親人了。但在喬安娜身上，這些忌諱與恐懼都因為她付出的愛而消失了，誠如聖經所說的：「有了愛就沒有恐懼；完全的愛驅除一切的恐懼。」★

喬安娜是一九五四年出生在美國加州的漢邁城（Hemet），這城距離迪士尼樂園不遠。因為父母喜歡旅行，喬安娜從小就和妹妹跟著父母四處去旅遊，而有了寬闊的胸襟和世界觀。她擁有上帝的獨特賞賜，聽覺特別靈敏，能夠分辨出不同語言的發音，也因此，她學會了多種語言，包括西班牙語、法語、義大利語、匈牙利語，以及華語，而她來到台灣之後，也學會了台語。

她從大學三年級開始學中文，因為老師是台灣人，使她想到有一天可以來台灣看看。在一九七八年，也就是她二十四歲那年，她帶著簡單的行李來到中文老師的故鄉——台灣。她希望在這裡住一陣子，好好學習中文，她在台北落腳之後，就為自己取了中文名字「倪安寧」。

喬安娜在台北找到一家紡織品進口商的業務工作，她在這裡認識了未來的丈夫鄭欽明（大家都稱他「Kenny」，之後我也用這名字稱呼他）。他們在一九八三年結婚，然後夫妻兩人成立了公司，專門經營嬰兒車，有很好的成績。婚後，他們育有兩個女兒，大女兒名叫「晴文」，小女兒叫「雅文」。

漫長的治療之路

雅文十一個月大時，喬安娜驚訝地發現心愛的小女兒似乎聽不到任何聲音。喬安娜先帶雅文到台北榮總做「聽力檢查」，結果確診是罹患先天性的聽覺障礙，也就是所謂的「聽損兒」，嚴重的程度是到任何重大打擊聲音都聽不見。

這讓喬安娜和她先生都相當痛苦，於是，他們四處詢問這個領域的名醫，也去美國加州一家專門診治聽覺的機構「House Ear Clinic」檢查，醫生很清楚跟他們說，雅

★約翰一書4章18節。

文的聽力損傷是無法改變的，這是生下來就已經有的缺陷。

他們透過貿易的廣大脈絡，向貿易夥伴們打聽治療耳疾的資訊，那時還沒有網路或電子郵件，因此，信都是用傳真機一封封地傳進來。後來，他們接到一個很重要的資訊，就是在美國有一個AG Bell聽障協會，這個「Bell」就是大家所熟悉的「貝爾」先生，也就是電話的發明人。這個協會早在一八九〇年就成立了，專門關心聽力有障礙的人，也提供許多相關資訊和教育的服務。

一九九三年，這個協會在美國丹佛市舉行年度會議，喬安娜和先生Kenny特地飛去參加。那次會議讓他們大開眼界，他們看見許多聽覺障礙的人耳朵帶著助聽器，但都不會讓人覺得他們有聽覺上的問題，甚至沒注意到他們有這方面的缺陷。這讓他們燃起極大的希望。也是在那次會議中，他們認識了來自加拿大的「聽覺口語法」教育專家；這位專家的兒子也患有重度的聽力損害，但在她教導之下，不但聽得見，還順利從研究所畢業、當上律師。於是，喬安娜和Kenny想請這位專家來幫助雅文。

所謂「聽覺口語法」，就是要把聽力受損的孩子所殘存的百分之五聽力，完全地發揮出來。但在這裡又遇到問題，就是經過專家的檢驗後，發現雅文連那百分之五也沒有，是完全沒有聽力的孩子。這個結果簡直讓他們夫妻掉進了黑暗的深淵中，幸好，專家提出還有一個補救的方法，就是植入最新科技的「人工電子耳」。它和傳統的助聽器大不相同，是用手術將接收聲波的「電極器」植入耳鼓，耳朵上再裝上接收器，看起來就像一般人聽手機音樂時常用的的耳掛式耳機。

但當時台灣並沒有如此精密的手術，也沒有這種機器。他們打聽到這種機器是澳洲發明出來的，在墨爾本有一位名叫「派門」（Pyman）的醫生會這種手術。他們馬上帶著雅文去看派門醫師，但經過檢查後，發現雅文兩邊耳朵都有先天性的嚴重缺陷——正常人的耳蝸有兩圈半，雅文卻只有單耳蝸。派門醫師說他很願意幫忙，但他從來沒有為這樣的孩子動過手術，沒有把握能成功裝上電子耳。

但喬安娜和Kenny沒有放棄，他們繼續打聽，終於找到一位德國醫師有這樣的手術經驗。他們拜託派門醫師直接打電話和這位德國醫生進行技術交流，也讓派門醫師知道，即使手術失敗，也跟現在完全聽不見一樣，情況不會更糟了，所以他們很願意讓派門醫師放手去做。就這樣，雅文的左耳順利地裝上人工電子耳，雖然這副電子耳只有十二個頻道可用（有些電子耳有二十個頻道），但他們已經非常感謝了。

有了電子耳，接下來就是要開始學習啟用「頻道」，而這才是真正的功課。此後每兩、三個月，喬安娜就要帶著雅文飛一趟加拿大，或是請加拿大的專家專程飛來台灣，這些都是為了要將雅文的聽力找回來。

也為了這件事，喬安娜和Kenny有了共識：Kenny在事業上努力賺錢，喬安娜則認真教雅文學習說話。就這樣，經過十個月的努力之後，完全聽不見、從小沒有說過任何一句話的雅文，突然間有一天早上，開始會說「汽車」（bu）、「飛機」（ah）、「狗」（bow-wow）、「火車」（oo-oo-oo）……類似這樣的發音了！雖然語音並不齊全，但當一個又一個語言的音符從她口中流瀉而出，他們夫婦的眼淚也隨之掉落。

這是一件不能小看的事，表示雅文開始聽得見聲音了。而更令他們夫婦興奮的，是當他們叫雅文的名字時，雅文也會回頭看著他們，臉上露出好像想要開口說話的表情。漸漸地，他們發現當家裡電話響起的時候，雅文會主動走到電話旁，要拿起電話來聽，甚至說出讓他們驚訝的「Hello」等問候語。就這樣，雅文開始學習聽別人講話，也學著自己講話，進步相當快速。

把苦難化為使命

當喬安娜看見雅文有這麼明顯的進步之後，第一件想到的事就是：像雅文這樣的兒童一定還有很多，怎樣才能將「聽覺口語法」推廣出去、幫助這些孩童排除這樣的生存障礙呢？

這也是我從她身上學到的信仰功課：**上帝給我們經歷「苦難」，是要我們將這些「苦難」轉換成幫助別人的「使命」**。也因為如此，她後來用全部精力成立了「雅文基金會」，用來幫助全國聽障兒獲得聽力。她認為，這就是上帝要她做的事情。

於是，她決心挑起這樣的使命。她告訴 Kenny，一定要幫助台灣這樣的孩子，使所有和雅文一樣有聽覺苦難的孩子也能找回聽力，會聽也會講。她把對自己孩子的愛，擴大到愛台灣所有的小孩。首先，他們想到可以成立一個基金會，由喬安娜負責去找需要幫助的孩子，而 Kenny 要認真賺錢投入這個基金會。

一九九六年十月，「雅文兒童聽語文教基金會」成立了。

喬安娜開始四處拜訪各大醫院小兒科、耳鼻喉科的醫師、主管，說明自己想要幫助這些聽力有障礙的孩子，希望醫師們能夠提供相關的兒童資料。然後，喬安娜就一一去拜訪，並告訴那些小孩子的家長，她可以幫助他們的孩子「聽得到，也學會講話」。而所有到這基金會來的孩子，所需要的醫療和學習的費用負擔，就落在這位深愛台灣的美國女性喬安娜的身上。

要幫助聽障的孩子，就要設立一個教育中心。因此，他們邀請加拿大的專家來台灣培訓「種子教師」，而喬安娜自己就是「種子教師」中的一位。喬安娜說：「我們要努力讓聽障兒能夠回到普通學校，讓他們適應正常的環境，一個能聽到世界的環境。如果他們長大以後要在這個世界上獨當一面，最好從小自己就能夠獨當一面。」

在基金會草創初期，有個小男孩的聽力微弱到必須裝電子耳才能夠接受訓練，但是他的家庭狀況沒有錢幫他裝電子耳。喬安娜知道這個家庭的處境之後，不忍心讓小男孩失去學習說話的權利，就由基金會擔負起裝置電子耳的所有醫療費用。

這樣的案例不只發生過一次，所以，連基金會的員工也常常感到好奇，到底錢是從哪裡來的？每當有人問起這種事，喬安娜總是會說：「這是某個善心的人聽到基金會有需要幫助的小朋友，大受感動而捐出來的。」但時間久了以後其實大家都知道，錢，常常是她先生Kenny捐助出來的。

喬安娜常說：「我希望二十年後的台灣，再也沒有不會說話的聽障兒童。」

為了實現這句話，基金會成立一年後，也就是一九九七年十月，為了讓南部地區的孩子和家長避免長期南北奔波的身心負擔，決定在高雄成立一個「學習中心」。二〇〇一年十一月，在宜蘭縣政府的委託下，也成立一個學習中心。後來，中國、香港也紛紛邀請基金會去成立「學習中心」。基金會成立迄今，接受幫助的孩童已經超過四千名了。

有人問喬安娜何以有動力為台灣做這麼多事，她說：「上天有此安排，必定有祂的理由。」這就是前面所提過的，喬安娜將生命遇到的「苦難」，看成是上帝賦予的「使命」。她也說：「只要嘗過幫助他人的甜美滋味，任何人都會想要去做。」她說這句話時，臉上的光彩美麗無比，那是一種精神內涵的大愛表現。

珍惜每一天

二〇〇〇年，喬安娜知道自己罹患了乳癌，但她的心態沒有任何改變。她並不怨天尤人，對此也仍舊是那句話：「上天有此安排，必定有祂的理由。」她一方面接受專業治療，一方面更積極投入幫助他人的工作。喬安娜告訴先生Kenny：「現在，每一天都是多出來的，所以我時刻都很珍惜。」

除了想盡辦法治療之外，她隨即想到的就是：「台灣必定還有許多婦女像我一樣，可能因為疏忽而忘記，或是因為經濟問題無法作檢查，而不知道自己已經患了癌症。」她和Kenny商議，購買兩輛「抹香鯨」專用車，贈送給「防癌基金會」作為婦女子宮頸癌篩檢之用，讓居住在偏遠或鄉下地區的婦女也可以得到檢查的機會。

一般人若知道自己患了癌症，馬上會開始對生命產生恐懼感，喬安娜卻是立即想到，必定還有許多人像她一樣，需要更多的幫忙。大部分的人若是能夠解決自己子女的疑難雜症，都會慶幸自己「三代祖先有庇護」或是感謝自己所信奉的神明，但喬安娜想到的第一件事是：「上帝是透過這樣的生命『苦難』，讓我知道有『使命』在身，看到別人也需要和我一樣的照顧！」

她說自己生病之後，生活過得比以前更快樂，她更懷著感恩之心說：「很感謝台灣這麼高的醫療水準，將我照顧得很好，更感謝台灣二十多年來讓我過得這麼愉快！」人生的重大挫折，只讓她變得更積極努力，不但要繼續幫助那些需要幫助的人，她更決定終其一生奉獻於台灣。

她總是這麼開朗、陽光，一點也不像是患有乳癌重病的人。即使是自己遭到病魔侵擾，也不會忘記還有更多人像自己一樣患有重病。擔任過衛生署副署長的黃富源醫師在追思喬安娜的文章中寫道：「喬安娜總是為別人著想，自己遭遇挫折時，則只是一笑置之。即使是罹患這種人人聞之色變的癌症也一樣，在她身上看不到沮喪，完全沒有病人的樣子，大家仍然看到一個鬥志昂揚的喬安娜。」

當基金會在各地紛紛成立「學習中心」之後，喬安娜的先生Kenny說：「雅文基金會可以成為華語世界『聽覺口語法』一個教學研發的基地，幫助更多說華語的聽障孩子，都跟台灣聽障孩子一樣幸運，能聽也會說。」

喬安娜說：「一個人最大的價值，不是究竟能做多少事，而是可以活在別人心中，讓人永遠懷念。」就如她所說的，喬安娜確實是活在所有跟她接觸過的人的心中，像清晨第一道劃破黑暗的陽光，像一場及時雨，改變了聽障兒的苦難，也滋潤了所有人的心靈。

在二〇〇一年的情人節那天，她寫了一封信給年幼的兩個女兒：

生命存在的形式遠比我們想像的更寬廣。那不只是我們每日所接觸的物質和軀體。事實上，我們存在的日子就是去瞭解我們靈命是永恆的，而非如我們所見，存在一個軀體裡面而已。

這樣的話，對當時年幼的兩個女兒來說，當然是無法理解的；但如今已經長大的她們已逐漸體會出，母親喬安娜投入生命力量來關心身體有缺陷的孩童，以及對這塊土地的生命之愛，正是來自內心靈命的力量。

喬安娜是一個嫁到台灣的美國人，但她是這樣地愛台灣，用真實且具體的行動，對台灣表達了她最大的愛。她生前最常掛在嘴邊的一句話，就是：「我是台灣人啦！」確實不錯，她真心地認同自己就是台灣人，而且是道道地地台灣人的媳婦！

從出生到二〇〇一年六月七日回天家，她在世上才待了四十七年而已，卻帶給台灣社會一道燦爛鮮豔的光彩，永遠不會褪色。

每年的六月，「雅文兒童聽語文教基金會」都會將這個月當作「紀念月」，用來紀念喬安娜，也紀念基金會成立後所推動的工作，提醒參與、關心的每一個人：有愛的地方，就可以補足生命的缺陷。

25

為貧病者而戰的聖墓騎士——李智神父

談到早期到澎湖的外籍宣教師，有三個代表人物，其中一位是最早抵達澎湖馬公的甘為霖牧師，另外兩位是潘志仁神父（Fr. Angero）和高安修士。之後在一九五四年，李智神父（Fr. Rizzi Giovana）接續了潘神父和高修士的工作。他獻身服務的精神，讓他獲得「醫療奉獻獎」與教宗頒贈的「耶路撒冷聖墓騎士」榮譽。

李智神父在一九二七年出生於義大利北邊一個小村落，是個以養牛、生產乳酪聞名的村莊，父母都是務農為生，李智神父在八個兄弟姊妹中排行第七。他的父母都是篤信天主的信徒，還有兩位哥哥進入修院，他從小就在這種虔誠的信仰氛圍中長大，中學畢業後，他進入「蒙地內羅神學院」（Modttinello）就讀，在一九五二年晉鐸，成為家中第三位神父。

一九五四年，也是他二十六歲時，被義大利靈醫會差派到台灣來。他先到羅東靈醫會報到，一禮拜之後被派到澎湖。

他後來回憶時說，他在羅東看見的是茂密的樹林，但到了澎湖，除了「天人菊」外，其他什麼都沒看見，一片光禿。但他看到「天人菊」在強勁風沙吹襲下，依舊堅忍地生存下來，這讓他聯想到，有一群人在最惡劣的環境下，也可以用堅忍的心生存下來，這就是最有生命力的族群——澎湖人。

為了拉近和澎湖居民之間的距離，李智神父很積極地向澎湖人學習台語，也利用探訪病患時向那些阿公阿嬤學台語，所以很快地，他就能說得一口道地的澎湖腔台語，讓大家感到相當驚訝。

說起來，李神父很有語言的天分，他才來不到一年，就可以用澎湖腔跟當地人說台語，遇到外省人或本島人，也會用很溜的華語對談，也因為這樣，他交到了許多朋友，也有機會好好地介紹福音的信息。

李神父一到澎湖，就發現澎湖有不少痲瘋病人。當時的人對痲瘋病有錯誤觀念，大家又害怕被傳染，所以病人往往受到歧視和排擠，導致痲瘋病人見不得光、也見不了人，甚至被家人關起來，更不要說到醫院接受治療了。李神父知道痲瘋病人的痛苦後，就開始去這些病人的家裡探訪，挨家挨戶地將藥物送給他們，他說：「這是我們的使命，他們比我們更可憐，所以要照顧他們，我們的使命是只要看到人家需要幫助，就要主動去幫助。」

講美村的故事

當李智神父這樣為痲瘋病人著想，努力要幫助他們時，有個年輕的痲瘋病人反而好奇地問他說：「為什麼你要到村子裡來看我們？你靠什麼賺錢？天主教是信什麼的？」這年輕的病人會這樣問，是因為所有人都在排擠他們的時候，竟然有人不但不怕被傳染，還關心他們、拿藥和生活物資給他們，他實在無法想像這個世界上會有這樣的人。

最讓這個年輕病人無法理解的，就是李智神父都沒有說要「回報」這件事。因為在台灣的宗教信仰裡，往往會說到「回報」，也就是我們一般人所熟悉的「積功德」的觀念，但他卻沒有從李智神父那裡聽到這種說法，只說「天主愛我們，我們要彼此相愛」。

聽到年輕病人這樣詢問，李智神父就問他說，為什麼需要「回報」呢？年輕病人說：「這樣將來才可以去西方極樂世界啊！」李智神父回答說：「我就是從西方來的啊！」

年輕病人聽了之後更加疑惑，還以為李智神父就是神明。後來他才弄清楚，他說的「西方」和李智神父說的「西方」並不一樣，但李智神父所傳遞的信息，卻讓他非常感動，於是他跟李智神父說：「神父，你只告訴我一個人這些珍貴的道理，這樣很可惜，我可不可以也請我的親友來聽你講這種道理？」

李神父起先有點遲疑，一則因為他是年輕人，村民會聽他的邀請前來嗎？二則他以為這個年輕病人是想找更多人跟他一起喝茶聊天，並不是真的要聽道理。但沒有想到，一個禮拜後，當李神父來到白沙時，已經有十二個村民都坐好了，要聽李神父講聖經的道理。就這樣，他在白沙地區的福音工作從此開始。

李智神父也發現，在一九五〇年代的台灣社會，貧窮確實是比生病更折磨人，在離島地區這種問題更加嚴重。他經常看見有不少人的家裡什麼都沒有，因此，他除了將貧窮病人帶回醫院治療外，也寫信到羅東靈醫會和在義大利同為神父的兄長，募集各種民生物資送給貧窮人家，幫助他們可以溫飽度日。

李智神父談到一個很令人感動的例子，就是在「講美村」有個剛結婚的新娘，因為感染痲瘋病，臉上有傷痕不敢外出，因為怕別人知道，就騙鄰居說她到台灣工作，其實是躲在家裡。

後來，李神父每個禮拜拿藥給她吃，幫她擦藥膏，幾個月之後，傷口逐漸痊癒，折磨了她一年的夢魘才得以解脫，使她整個人有如脫胎換骨一樣。有一天，這個新娘拿了一尊雕刻精緻的神像送給李神父，並問他說：「你可不可以換一張聖母的畫像給我？」李神父隨即拿給她，她把畫像抱在胸前，高高興興地回家了，留下李神父雙手捧著神像，不知所措。

除了在白沙鄉關心病人和貧窮人外，李智神父也在馬公鎮積極展開牧靈的工作。他在街上設立圖書館和活動中心，吸引年輕學子來圖書館看書，也陪他們一起讀書、打球，然後利用空檔時間陪這些來圖書館看書的民眾聊天，用他流利的台語跟他們談信仰的事，特別是談到生命價值的問題。

他帶領一群認同他觀點的信徒，相偕去探訪一些貧病交加的病人，讓他們從關心他人這件事當中獲得心靈的飽足。他很強調一點：**只有親身體驗，才會知道天主在耶穌裡的愛和生命的價值**，這絕對不是用想的，是要用實際行動去體驗才能明白。

透過教育解決貧窮問題

一九五七年的年底，靈醫會將李智神父調回羅東，派他去「羅東聖母醫院」的分院「丸山療養院」當院長。這是專門收容肺結核病人的療養所，因為收費低廉，對貧窮病人又很照顧，許多貧窮人家會不辭旅途遙遠，將患病的親人送到這裡就醫。但也因為這樣，不少病人家屬將親人送來後，就斷了音訊，這對病人的心靈來說是很大的打擊。所以李智神父會花費更多的時間，來陪伴、安慰這些可憐的病人。

李智神父發現還有更嚴重的問題，就是有些病人原本是家裡的經濟樑柱，卻因為住進「丸山療養院」導致整個家庭失去支撐。李神父不僅要為這些病人籌募醫療費用，也會進一步關心這些家庭的需要。他總是告訴這些病人和家屬，不要擔心錢的問題，好好安心養病，有好多病人因此受惠。

李智神父知道，這種貧困的問題，必須透過教育才有辦法解決。他遠赴屏東「萬巒」收容了一批窮人家的孩子，送他們進入修道院，讓這些孩子有機會受完整的教育，因此培育出台灣最早一批「男護士」。也有不少孩子在李智神父的用心栽培之下，傳承了他的理念，投入關心監獄的事工。最值得一書的，是李智神父曾經協助四名資優孩子，送他們去義大利進修，其中有一位後來成了享譽歐洲、在肝臟移植領域赫赫有名的「潘賢義醫師」。

許多受過李智神父幫助的人，在經濟能力改善後，都會知道最好的感謝方式，就是加入天主教會而成為虔誠的信徒。有更多人表達感謝的方式，是捐出他們能力所及的金錢，因為他們知道李智神父會將這些錢拿去幫助更需要的貧困人家。

連醫院的員工遇到困境時，也會找李智神父幫助。這些向李神父請求金錢幫助的人，從來不需要寫什麼借據，因為李神父說：「每個人都有自尊，若不是真的遇上困難，誰也不會輕易開口要求幫忙；所以，可以幫忙的就幫忙，不用多問什麼。」因為他連借據都不要，反而產生一種良性效果，更沒有人敢騙他。

他對別人總是很大方、慷慨，但他並不是有錢，而是自己過著相當簡樸的生活，甚至連內衣褲破了，也是縫縫補補。他認為錢要給需要的人，他說：「錢對我而言，本來就沒什麼用途，但對需要的人來說，卻像是甘露一般。」

為了讓病人感覺被高度尊重，李智神父要求所有員工不戴口罩，甚至和病人講話也不可以保持距離，他所堅持的理由是：「不管是什麼病，病人都必須被高度尊重，這些病人在外頭已經被家人、社會隔絕了，現在他們來到丸山療養院，就要被尊重、被仔細呵護。」

李智神父說到一次經驗，就是有一次，丸山療養院有位年輕病患是個老師，從房間出來，吐了很多血，但丸山療養院的醫護人員看了，不怕被這位肺結核病的病人傳染，反而很快地伸出雙手幫助他。有記者問李智神父「怕不怕」，李神父回答說：「我不怕。」記者又問：「是不怕，還是沒想過？」李神父說：「我當然知道這很危險，但我不怕，因為我都靠天主。」

後來，這位年輕女老師的肺結核病就是在丸山療養院治好的。她說這樣的恩情，即使到現在、自己已經當阿嬤了，還是感恩在心頭。她很有感觸地說，當年若沒有李智神父和其他護理人員的幫忙與關心，她恐怕沒有辦法撐下去。

有一位在療養院住過的病人「廖邱勉女士」這樣說：「那時侯我家裡有父母需要我照顧，我也有小孩，而我自己生病，醫藥費都把我積蓄的錢花光光了，都是李神父拿錢給我，幫我維持我的家庭，當時三千元不是一筆小數目耶，因為那時一兩金子才一百九十元。」

確實是這樣，李智神父除了安撫受到肺結核病纏身的病人外，也要設法解決家屬籌措醫療費用的煩惱。在沒有健保和勞保的年代，李智神父將國外募來的經費分發給貧病患者，讓病人得以安心養病，期間受惠的病人不計其數。就像前面所說的，有些病人甚至是家裡的經濟支柱，當這種病人送進療養院的時候，家裡生計隨即陷入困境，李神父還要幫助這些病人的家庭生活所需。

比台灣人更像台灣人

在擔任丸山療養院的院長時，李智神父也同時擔任著羅東聖母醫院副院長的工作。不僅在醫療工作上，李智神父也很積極地栽培靈醫會本土神職人員，他很清楚知道終有一天，這項神職工作必須傳承下去。

所有曾和李智神父同工過的員工體會最深的事，就是李神父是個完美主義者。羅東聖母醫院的「傅立吉醫師」說：

李神父要求做任何決定，都以不傷害他人為前提；他願意傾聽大家的抱怨、申訴，若看到團體中有衝突、摩擦，他會睡不著，直到紛爭排除為止。如此重視對方感受的神父，不只員工愛他，凡事找他傾訴，連神職人員有煩惱、鬧鄉愁，也會向李神父告解，而李神父的口風最緊，從不把別人交付他的秘密向第三者說。大家都說，他不只像「牧羊人」，引導迷失羊隻回家的方向；他也是「避雷針」，天打雷了、天下雨了、天塌了，李神父一定是最先幫大家擋風雨、避雷害的人。

一九九二年，李智神父再次被派往澎湖「馬公惠民醫院」擔任副院長。當時羅東聖母醫院和丸山療養院的員工和病人聽到之後，都來跟他告別，好幾百人擠爆了他的辦公室。聖母醫院檢驗室的「徐快君主任」回憶當時的情景：「送別的場面是這輩子最難忘的事，因為幾乎每個人都哭紅了雙眼。大家好像覺得『牧羊人』要離開羊群，都覺得自己像是走失的羊一般，惶惶不知道該如何才好。」

李智神父離開澎湖三十多年，再次回來時，整個馬公市區變化很大，樓房一棟棟地蓋起來，馬路開了很多條，車子也越來越多。但是李智神父還是回到他過去所關心的「白沙鄉」，他還是看到有些貧困的老人和乏人照顧的病人，而那時還沒有實施「全民健保」，這些人就無法安心地就醫。李智神父和過去一樣，熱情不減，帶著教友去探訪這些被社會遺忘的貧困病人和孤獨老人，照顧他們，帶食物和錢給需要的人。

去澎湖兩年後，李智神父再次被調回羅東聖母醫院。當大家見他回來時，都像撿回寶貝一般，聽到李神父說澎湖的人們知道他要離開時，重演了當年羅東哭泣送別的那一幕，羅東的大家都笑了。

不過，當他回到羅東聖母醫院時，發現醫院在經營上遇到了極大的困境，即使如此，李智神父還是堅持醫療品質絕對不可以打折。但這樣的話，醫院要怎樣才能持續下去？還好，後來靈醫會找到「陳永興醫師」協助，讓羅東聖母醫院止住了虧損，還帶進許多有使命感的年輕醫師進駐。

二〇〇一年，李智神父獲得「第十一屆醫療奉獻獎」。之後在二〇一〇年十一月十四日，教廷冊封他為「耶路撒冷聖墓騎士」，這是教廷為表揚在外國從事社會福利工作的神職人員一項至高的榮譽。在冊封儀式中，李智神父說了這樣的話：

> 要愛我們的敵人，不靠刀劍，而是憑著愛與和平來打仗。

即使在年老體衰時，李智神父仍舊沒有忘記到「宜蘭三星監獄」去關心囚犯，也為他們提供醫療服務。他說自己最擔心的是台灣社會老人安養的問題，也擔心青少年問題，特別是青少年騎機車出車禍的事頻傳。他會去探望這些對他來說非常陌生的年輕人，總是不忘記提醒這些年輕人，要注意「生命價值何等可貴，要知道珍惜」。

李智神父把一生都奉獻給台灣人，從一九五四年他二十六歲時來到台灣，超過六十年歲月，都是無私地奉獻給台灣貧困的同胞，是很值得我們感念的一位神父。他也常說自己是「台灣人」。確實如此，他早已是「比台灣人更像台灣人」的「台灣人」。

有人曾好奇地問李神父：「神父怎麼看台灣的？」

他回答說：「台灣人不是真的經濟有好到怎麼樣，而是，台灣人的心，很好。」

今年九十一歲的李智神父，健康已經不如從前，但他還是跟過去一樣，二十四小時隨傳隨到，即使過農曆年也一樣從不休息。有一位曾受到李智神父幫助的張姓姊妹說：「當我看到李神父時，我就知道，天主就在眼前。」套一句基督徒常說的話，李智神父確實是一個將上帝的「道」真實地「化成肉身」的神父。

＊本文資料由天主教靈醫會澎湖惠民醫院院長陳仁勇醫師提供。

國家圖書館出版品預行編目資料

這些人,這些事:用生命疼惜台灣的「愛的守護者」/ 盧俊義著. -- 初版. -- 臺北市:啟示出版:家庭傳媒城邦分公司, 2018.07
面; 公分. -- (智慧書系列;12)

ISBN 978-986-95070-9-7 (平裝)

1.天主教傳記 2.臺灣

249.933 107008264

智慧書系列 012

這些人,這些事:用生命疼惜台灣的「愛的守護者」

作　　者/盧俊義
企畫選書人/彭之琬、李詠璇
總 編 輯/彭之琬
責任編輯/李詠璇

版　　權/吳亭儀
行銷業務/王　瑜、林秀津
總 經 理/彭之琬
事業群總經理/黃淑貞
發 行 人/何飛鵬
法律顧問/元禾法律事務所 王子文律師
出　　版/啟示出版
臺北市 104 民生東路二段 141 號 9 樓
電話:(02) 25007008　傳真:(02)25007759
E-mail:bwp.service@cite.com.tw
發　　行/英屬蓋曼群島商家庭傳媒股份有限公司城邦分公司
台北市中山區民生東路二段141號2樓
書虫客服服務專線:02-25007718;25007719
服務時間:週一至週五上午09:30-12:00;下午13:30-17:00
24小時傳真專線:02-25001990;25001991
劃撥帳號:19863813;戶名:書虫股份有限公司
讀者服務信箱:service@readingclub.com.tw
城邦讀書花園:www.cite.com.tw
香港發行所/城邦(香港)出版集團
香港灣仔駱克道193號東超商業中心1F E-mail: hkcite@biznetvigator.com
電話:(852) 25086231　傳真:(852) 25789337
馬新發行所/城邦(馬新)出版集團【Cite (M) Sdn Bhd】
41, Jalan Radin Anum, Bandar Baru Sri Petaling, 57000 Kuala Lumpur, Malaysia.
電話:(603) 90578822　傳真:(603) 90576622
Email: cite@cite.com.my

封面設計/李東記
排　　版/極翔企業有限公司
印　　刷/韋懋實業有限公司

■ 2018 年 7 月 5 日初版
■ 2022 年 10 月 24 日初版 5 刷
定價 350 元

Printed in Taiwan

城邦讀書花園
www.cite.com.tw

 ISBN 978-986-95070-9-7